Ich glaube an einen Gott, der fehlt

Ermutigungen zu einem geistlichen Leben auf der Höhe der Zeit
Matthias Sellmann/Andrea Fleming/Thomas Arnold (Hg.)

Matthias Sellmann
Andrea Fleming
Thomas Arnold (Hg.)

Ich glaube an einen Gott, der fehlt.

Ermutigungen zu einem geistlichen Leben auf der Höhe der Zeit

benno

Für Pater Bernd Hagenkord SJ

Bibliografische Information der Deutschen Nationalbibliothek
Die Deutsche Nationalbibliothek verzeichnet diese Publikation in der Deutschen
Nationalbibliografie; detaillierte bibliografische Daten sind im Internet unter
http://dnb.d-nb.de abrufbar.

Wir danken allen Rechteinhabern für die freundlich erteilte Abdruckerlaubnis.
Der Verlag hat sich bemüht, alle Rechteinhaber in Erfahrung zu bringen.
Für zusätzliche Hinweise sind wir dankbar.

Besuchen Sie uns im Internet:
www.st-benno.de

www.lebendig-akademisch.de

Gern informieren wir Sie unverbindlich und aktuell auch in unserem Newsletter zum
Verlagsprogramm, zu Neuerscheinungen und Aktionen.
Einfach anmelden unter www.vivat.de.

ISBN 978-3-7462-6103-4

© St. Benno Verlag GmbH, Leipzig, 2022
Umschlaggestaltung: Rungwerth, Düsseldorf,
Gesamtherstellung: Kontext, Dresden (A)

Inhaltsverzeichnis

Kardinal Jean-Claude Hollerich SJ: Vom Zweifeln, Zögern und der Zuversicht   10

Matthias Sellmann: „Ich glaube an einen Gott, der fehlt." Sechs Thesen zur Gottesfrage heute und Unsagbares „dazwischen". Eine Einführung   13

Teil I: Gott verschwindet – und *soll* das auch? Die äußeren Veränderungen geistlichen Lebens   32

Uwe Kolbe: Dem Grund zu   35

Uta Karstein: Bald unter 50 %! Die alltagsweltliche und religionspolitische Bestreitung des Gottesglaubens in Ostdeutschland   36

Michael Triegel: Imago   57

Birte Platow: Gott und neue Götter – von der technizistischen Ersetzung des Gottesglaubens und seinem widerständigen Wert   58

Uwe Kolbe: An Dich   75

Holger Zaborowski: Von der Güte und stillen Macht Gottes – jenseits seiner Ohnmacht und Übermacht   76

Dazwischen **96**

Uwe Kolbe: Das Heilige 99

Thomas Arnold/Miriam Bothe: Der Himmel lässt sich nicht teilen. Annäherungen an den Glauben über Unterbrechungen von Michael Triegel und Uwe Kolbe 100

Chiara Lubich: Ich habe nur einen Bräutigam 112

Matthias Sellmann: Die Welt ist Gottes so … leer.
Die Mystik der Gottesabwesenheit bei Chiara Lubich 113

Uwe Kolbe: Die Gnaden 125

Judith Hamberger: Sprachloses Sprechen – Vom Lied ohne Gott. Fünf Kunstfilmminiaturen 126

Michael Triegel: Kreuzigung 133

Teil II: Gott verschwindet – und *will* das auch? Die inneren Veränderungen geistlichen Lebens 134

Stefan Tobler: Gottferne als Gottes Gegenwart. Wegbereiterinnen des Glaubens im 20. Jahrhundert: Madeleine Delbrêl, Mutter Teresa von Kalkutta, Chiara Lubich 136

Das Leid in Farbe 153

Julia Knop: Die Kirche als Hindernis des
Gottesglaubens? 154

Michael Triegel: Verkündigung 172

Tomáš Halík: Wie kann man heute von Gott reden? 174

Uwe Kolbe: Mein Beitrag 187

P. Bernd Hagenkord: Gemeinsam schweigen.
Der Synodale Weg und der fremde Gott 189

Herausgeber:innen und Autor:innen 190

Quellenverzeichnis 193

Anmerkungen 195

Vom Zweifeln, Zögern und der Zuversicht

Ein Geleitwort
Kardinal Jean-Claude Hollerich SJ

Wie viele Fragezeichen hält unser Glaube aus? Liebe Leserinnen und Leser, die Zeit der fertigen Antworten ist vorbei. Davon bin ich überzeugt. Heute ist die Zeit, aus der eigenen Erfahrung neue Erzählungen vom Glauben zu formen. Leben und Glauben sind eins. Das heißt aber auch, bereit zu sein, vom Leben zu lernen.

Zugleich spüre ich selbst, dass dies auch schwer aushaltbar sein kann. Wohin mit dem Zweifeln und Zögern am so sicher geglaubten Gott? Und was, wenn der andere sein Leben viel besser meistert, obwohl ihm Gott gar nicht fehlt.

Das Buch fordert eine Bereitschaft für das Hier und Jetzt: Bin ich bereit, das Leid und die Trauer, die Freude und Hoffnung, die ich im Alltag erlebe, als ein Mitgehen Gottes auf meinem Lebensweg zu verstehen? Mag sein, dass ich persönlich davon überzeugt bin. Aber gelingt es mir, den anderen als nicht minderwertig anzuerkennen, wenn er Gott nicht für sein Leben braucht?

Natürlich macht das Buch Mut, selbst zu freudigen Zeugen des Evangeliums zu werden. Es formuliert sogar eine Relevanz Gottes im Leben mancher. Aber in gleicher Weise führt es auch schmerzhaft vor Augen, wie sehr wir als Kirche uns immer wieder in Schuld verstricken lassen haben. Wir sind von den Fehlern der Geschichte gezeichnet. Demut wird deswegen der Schrei unserer Zeit, den die Welt uns entgegenhält. Demut wird uns nicht zu Duckmäusern machen, sondern Christus in den Mittpunkt stellen. Eine Beziehung, die von der Lebendigkeit Gottes zeugt, wird nicht von unten nach oben gehen, sondern im dialogischen Suchen miteinander auf gleicher Höhe am Boden auf den Himmel verweisen. Wer von Gott spricht, ermöglicht anderen, ihn kennenzulernen. Im Handeln nach dem Evangelium lässt er dem anderen aber die Freiheit, selbst die Botschaft anzunehmen. Es bleibt die Anfrage des Buches: Wie wird es uns dafür gelingen, den Himmel so weit wie möglich offen zu halten? Deswegen ist das Wort zum Beginn dieses Sammelbands eher eine Ermutigung für Sie: Öffnen Sie sich für die Ungewissheit des Glaubens. Das Buch eröffnet den Raum, um gemeinsam über Gott nachzudenken. Und die Kraft aufzubringen, sich zu verändern. Oder vielleicht auch erst einmal im eigenen Leben zu entdecken, ob es eine unentdeckte Leerstelle gibt. Weil Gott am meisten fehlt, wenn wir uns ihm zu sicher sind.

"Ich glaube an einen Gott, der fehlt."

Sechs Thesen zur Gottesfrage heute und Unsagbares "dazwischen"

Eine Einführung
Matthias Sellmann

Ich glaube an einen Gott, der da ist

Gott zu erfahren und die Sicherheit verspüren, dass man sich nicht täuscht, wenn man das exakt so ausdrückt: „Ich bin Gott begegnet" – das gehört sicher zu den erfüllendsten und auch antreibendsten Momenten, die man als Mensch erleben kann. Ja, gerade weil es Gott ist, den man da als Partner erlebt, kann man genauer wissen, dass man selbst überhaupt ein Mensch ist, eben: Nicht-Gott. Umso ergreifender, dass dieser Gott sich als beziehungsfreudig erfahrbar macht, als neugierig, als aufwertend. Man hatte von ihm gehört: gepredigt von Jesus von Nazareth selbst, in Liturgien, in Schriften, aus Erzählungen – doch nun ist er selbst da, er offenbart sich mir, er redet mich an, schlägt mir einen gemeinsamen Weg vor, scheint mich durch und durch zu kennen. Ja: Es fühlt sich so an, als habe er – Gott! – schon lange darauf gewartet, mich anzutreffen. Es ist Emotion im Raum dieser Begegnung, Freude, tiefe Stimmigkeit, seltene Entsprechung meiner Realität zu meinen Möglichkeiten. In dieser Einheit mit Gott wird die Welt plötzlich und tatsächlich für einen Moment zu einem heimatlichen Ort.
Solche Momente können die Kraft haben, eine ganze Lebensform zu begründen. Viele wenden sich aus solchen starken

Präsenzmomenten einem geistlichen Weg zu; sie pflegen dann ein explizit geistliches Leben. Äußerlich mag es aus Gebeten bestehen, geistlichen Übungen, Lesungen, Stille; aber auch aus dem Bemühen um Großherzigkeit, Nächstenliebe, um Aufmerksamkeit für den Augenblick, Teilnahme an Kreisen Gleichgesinnter und auch dem bereitwilligen Erzählen von der eigenen Gottesgeschichte. Innerlich aber sind all diese Konkretionen der Lebensführung stimuliert von dem einen Wunsch: Mögen sich diese Präsenzmomente oft wiederholen; möge mein Leben wie ein Rufen in die Weite sein, dass man zu einem Wiedersehen mit Gott bereit ist; möge Gott zu vielen gehen, aber auch bitte wieder zu mir. Möge mein Weg ein Dauerweg mit ihm sein – immer in Freiheit, auch seiner; aber doch auf seine Zusagen hin angelegt, mich nie zu lange alleinzulassen.

Geistliche Menschen erzählen von solchen Wegen und solchen Momenten. Und durch die Kirchen- und Spiritualitätsgeschichte hindurch reiht sich ein Präsenzzeugnis Gottes an das andere an, betont jede Epoche eine andere Facette seiner Anwesenheit und korrespondiert die Unterschiedlichkeit der vielen menschlichen Situationen mit der fantasievollen Vielfalt seiner Erfahrbarkeit. Studiert man die vielfältigen Quellen, die auf solche Offenbarungen reagieren: die Ordensregeln, die Gesänge und Gebete, die theologischen Reflexionen, die Gemeindeordnungen, die Ideale geistlicher Berufe, die Baustile der Jahrhunderte, die vielen Varianten des Predigens oder die wache Kreativität der diakonischen Arbeit, so ist man beeindruckt von der Formenvielfalt und Plastizität religiöser Kultur.

Und wie von selbst richtet sich der Fokus auf die eigene Gegenwart: Welche Facette seiner Anwesenheit blendet Gott heute auf? Hier? Und bei uns?

Ich glaube an einen Gott, der fehlt

Es wird viele geben, die auf diese Frage weiter eine Antwort aus einem Präsenzerleben heraus geben; eine, die von Gottessicherheit und Unmittelbarkeit getränkt ist. Unüberhörbar ist allerdings ein neuer, starker Unterton, der auf eine neue kulturelle Grunderfahrung aufmerksam macht: auf das Fehlen Gottes. Mehr als in früheren Epochen prägt der Zweifel an Gott, die Kritik an Gott, die Abkehr von Gott und die Enttäuschung von allen, die man für Gott-Nahe hielt, die Gegenwart. Die Frage nach Gott ist aus vielen Gründen für viele keine aktive Frage mehr, weil man sie entweder ohnehin für unbeantwortbar hält oder weil mögliche Antworten als nicht relevant bewertet werden. Wenn ohne Gott nichts fehlt; und wenn sich der als ressentimentgeladen entlarvt, der jene kritisiert, denen ohne Gott nichts fehlt; dann ist nicht nur der Mensch als wirklich frei von Gott neu zu denken, sondern auch Gott: Auch Gott scheint neu frei vom Menschen. Nicht mehr Notwendigkeit kettet Mensch an Gott und umgekehrt, nicht mehr die Zwänge der Jenseitsvergeltung, der Welterklärung, der Moralbegründung oder der Verzweiflungsprävention. All das geht ohne Gott. Und auch die lange Jahrhunderte gepflegte Bestimmung des Menschen, er sei „unheilbar religiös" und sein Wesen sei erst erfüllt, wenn er in einer Gottesbeziehung stünde, ist als latent diskriminierend entlarvt: Das Wesen und die Würde des Menschen ist ohne Bedingung anzuerkennen oder sie ist gar nicht; jedenfalls ist Würde kein Entwicklungsprodukt, sondern die fundierende Ausgangsbehauptung überhaupt, soll es wirklich um den Menschen als solchen gehen.

Gott fehlt also – und er kann offenbar auch fehlen; vielleicht niemals so stark wie heute. Diese Diagnose wird gegenwärtig in vielen kulturellen Arenen durchgearbeitet und gespiegelt.

Zwei seien kurz notiert: die Dimension des Ästhetischen, Erzählerischen und die Dimension des Intellektuellen und Philosophischen.

Die „Kunst des Vermissens"
Es ist auffällig, wie zeitgenössische Kunst und Kultur ein bestimmtes und von ihnen meist nicht inhaltlich präzisiertes Vermissungserlebnis umkreisen und benennen.[1] Die in diesem Buch abgedruckten Bilder Michael Triegels und die Texte Uwe Kolbes sowie die Filme des Teams rund um Judith Hamberger sind Belege dieses Reflexes.[2] „Gott gibt uns zu wissen, dass wir leben müssen als solche, die mit dem Leben ohne Gott fertig werden. Der Gott, der mit uns ist, ist der Gott, der uns verlässt (Mar-

kus 15.34)! Der Gott, der uns in der Welt leben lässt ohne die Arbeitshypothese Gott, ist der Gott, vor dem wir dauernd stehen. Vor und mit Gott leben wir ohne Gott", formuliert Dietrich Bonhoeffer sein Credo eines religionslosen Christentums im Gefängnis.[3] Und wer will, kann bei Erich Fried eine Antwort auf Bonhoeffer lesen:

> Ohne dich
>
> Nicht nichts
> ohne dich
> aber nicht dasselbe
>
> Nicht nichts
> ohne dich
> aber vielleicht weniger
>
> Nicht nichts
> aber weniger
> und weniger
>
> Vielleicht nicht nichts
> ohne dich
> aber nicht mehr viel.

Auf spezifische religiöse Kreise hin gesprochen ist es sicher kein Zufall, dass eine bestimmte chassidische Geschichte immer bekannter und vom Zeitgefühl her als immer passender empfunden wird. Martin Buber erzählt:

> „Rabbi Baruchs Enkel, der Knabe Jechiel, spielte einst mit einem anderen Knaben Verstecken. Er verbarg sich

gut und wartete, dass ihn sein Gefährte suche. Als er lange gewartet hatte, kam er aus dem Versteck; aber der andere war nirgends zu sehen. Nun merkte Jechiel, dass jener ihn von Anfang an nicht gesucht hatte. Darüber musste er weinen, kam weinend in die Stube seines Großvaters gelaufen und beklagte sich über den bösen Spielgenossen. Da flossen Rabbi Baruch die Augen über, und er sagte: „So spricht Gott auch: ‚Ich verberge mich, aber keiner will mich suchen.'"[4]

Viele weitere ästhetische Umsetzungen sind benennbar.

Die „Undenkbarkeit des guten Gottes"

Die zweite anzusprechende Dimension des fehlenden Gottes ist die intellektuelle. In einer zugleich globalen wie medialen Welt wird mit immer mehr Anschauungsbeispielen und daher mit immer mehr Wucht das Theodizee-Argument vorgetragen: Wie kann ein Gott als liebend und fürsorgend gedacht werden, wenn so viele Menschen ohne jede Schuld so viel zu leiden haben? Wie soll ein Schöpfer anerkannt und nicht verachtet werden können, wenn sich seine Schöpfung als so katastrophal defizitär und als so empörend gleichgültig gegenüber menschlichem Leid darstellt? Die göttliche Frage der Genesis-Geschichte: Wo bist du, Mensch? (Gen 3,9) hat sich umgedreht in die des Menschen: Wo bist du, Gott?

In der gegenwärtigen Religionsphilosophie hat sich zu diesem bekannten Theodizee-Argument eine zweite Grundlagenreflexion gesellt, die den personalen Gottesglauben ähnlich fundamental erschüttert. Gemeint ist das sogenannte „Hiddenness-Problem", etwa in der Fassung des kanadischen Denkers John L. Schellenberg. „Das Hiddenness-Problem besagt im Kern, dass die Existenz eines in vollkommener Weise liebenden Gottes nicht damit vereinbar zu sein scheint, dass es Menschen in der Welt gibt, die zu einer persönlichen Beziehung mit Gott fähig wären und auch keine inneren Widerstände gegenüber einer solchen Beziehung haben, aber denen dennoch die Überzeugung fehlt, dass Gott existiert. Wie kann dies aber sein, wenn Gott mit seinen Geschöpfen eine persönliche Beziehung eingehen will und daher genügend Belege für seine Existenz bereitstellen sollte?"[5] Wenn zwischenmenschlich schon gilt, dass man sich wechselseitig nur vertrauen kann, wenn man keinen Zweifel an der eigenen proaktiven Präsenz lässt – wie kann dann ein Gott, den man als liebend verkünden darf, auch solche Menschen in Gotteszweifeln belassen, die nichts dagegen hätten, ihm zu vertrauen?

Solche radikalen Nachfragen werden zu ebenso fundamentalen theologischen Herausforderungen. Es ist unabweisbar, dass sich die überkommenen klassischen Antworten mit ihrem Bezug auf den Lernweg des Menschen, seinen freien Willen, die Unergründlichkeit Gottes oder die erst im Eschaton mögliche rückwärtige Einsicht in den sinnhaften Aufbau der Welt schon deswegen überholt haben, weil sie auf einer Kopplung des Gottesgedankens mit einer bestimmten Seinsphilosophie beruhen, für die es immer weniger Plausibilität gibt, denkerisch wie existenziell. Neueste theologische Entwürfe arbeiten sich daran ab, die radikal geschichtliche Gotteserfahrung der Bibel wieder freizulegen und neu auf diesen Gott „Abrahams, Isaaks und Jakobs" (Ex 3,14) in seinem unbedingten Beziehungswillen zu den Menschen zu fokussieren. Diese Denkform impliziert freilich, dass Gott als werdend, prozesshaft gedacht werden können muss; dass auch er sich riskiert, wenn er eine Welt erschafft; dass auch er fraglich wird, wenn er selbst den Menschen befragt; kurz: dass auch er aus der Beziehungsgeschichte zu den Menschen nicht unverändert herauskommt. Und wenn man sich schon so weit von den gewohnten griechisch-lateinischen Seinsbestimmungen entfernt wie Mose das Vieh über die Steppe hinaustreibt (Ex 3,1), um an den Dornbusch zu kommen – dann muss auch gedacht werden können, dass die Gottesgeschichte scheitern kann. Für beide, Mensch wie Gott. Es gibt jedenfalls nicht mehr diese entzogene Souveränität Gottes, über die am Ende irgendwie schon alles gutgehen wird.[6]

Eine dritte Dimension des Gottesfehlens: Existenzieller Glaube

An dieser Stelle setzt dieses Buch ein. Es präsentiert das Nachdenken über eine dritte Dimension des Gottesfehlens. Gemeint ist die des aktiven geistlichen Lebens. Neben die kulturelle Spur einer „Kunst des Vermissens" und die intellektuelle Spur einer „Undenkbarkeit des guten Gottes" tritt die existenzielle Spur eines aktiven „Glaubens an einen Gott, der fehlt".

Gemeint ist damit, dass das Fehlen Gottes nicht nur ästhetisch notiert und intellektuell befragt, sondern auch partnerschaftlich gelebt werden kann. Das mag zunächst paradox anmuten: Doch auch das Fehlen kann zum Modus werden, in dem man und mit dem man von Gott nicht lässt. Dies aber fordert geistliches Leben neu heraus: es muss auf die Höhe der Zeit. Nur im Durchgang durch eine Reflexion des Gottes-Fehlens verhindert es, sich eine unernste Welt zu erschaffen und sich in ihr so wohlzufühlen, dass der Rest von Welt von innen her nur angeschaut, nicht aber geistlich-existenziell durchgearbeitet und schon gar nicht inkarnatorisch gestaltet wird. Nur in diesem Durchgang wird das geistliche Leben von Gott her verstehen, was sein Fehlen bedeuten kann. Nur so wird es weiterhin Respekt von jenen erwarten können, die die ästhetische und intellektuelle Arbeit in der Gottesfrage machen.

Das Buch geht zurück auf einen Kongress im Februar 2021. Sein Titel war: „Was und wie, wenn ohne Gott?" Träger war ein kleines Konsortium aus Fokolar-Bewegung und Katholischer Akademie Dresden (Veranstalter) mit den Unterstützerorganisationen „Bonifatiuswerk", „Geistliche Begleitung des Synodalen Weges", „Herder Korrespondenz" und „Zentrum für angewandte Pastoralforschung" der Ruhr-Universität Bochum. Eingeladen waren vor allem Menschen, die aktiv in einer Gottes-Partnerschaft leben und sich neu über diese Beziehung vergewissern wollten. Außerdem sollten Menschen angesprochen werden, die sich eine solche Beziehung wünschen oder ihr Fehlen bewusst reflektieren. Das Echo war überwältigend: Über 350 Personen waren digital angeschlossen, verfolgten die Impulse von gut 20 Redner:innen und vertieften diese in Gesprächsgruppen. Der Eindruck der Veranstalter wurde durch viele Rückmeldungen bestätigt: dass es gelungen war, trotz (oder wegen?) digitaler Übertragungstechnik auf der schmalen Höhe der Gottesfrage zu bleiben. Was genauer bedeutet: Es gelang offenbar das seltene Kunststück, die genuin geistliche Frage nach Gott nicht wie so oft seitwärts abkippen zu lassen in rein spekulative Theologie, in Ethik, in Kulturwissenschaft, in Ästhetik oder in private Schwärmerei.

Natürlich müssen die Leser:innen über dieses Gelingen selbst entscheiden. Aber es ist der Anspruch dieses Kongressbandes, eben wegen dieser thematischen Konzentration neue Aspekte der Gottesfrage freigelegt zu haben. In einem bestimmten Sinn zeigen die Beiträge dieses Bandes etwas Neues auf, nämlich das, was in den Blick kommt, wenn man Gott zubilligt zu fehlen.

Dieses Fehlen wurde thematisch zweifach durchgespielt; darum hat auch dieser Band zwei große Hälften, durchbrochen von einer Mitte „dazwischen".

Die Beiträge des Teils I:
Gott verschwindet – und *soll* das auch?

Im ersten Teil werden drei externe Perspektiven verhandelt: erstens die empirische, zweitens die naturwissenschaftlich-technizistische und drittens die religionswissenschaftliche Bestreitung des Gottesglaubens.

Hier soll den Beiträgen nicht ausführlich vorgegriffen werden. Wohl aber sei jeweils eine bestimmte markante These präsentiert, die die Frage nach dem fehlenden Gott für alle anreichert, die mit ihm leben wollen, aber nicht das ganze Buch lesen können.

In religionssoziologischer Absicht wendet sich die Leipziger Forscherin Uta Karstein dem Osten Deutschlands zu – zusammen mit Tschechien oder Estland „eine der religionslosesten Regionen der Welt". Bereits in der dritten Generation ist das Leben ohne Religion hier zur Kultur und zum Familienerbe geworden. Umso überraschender ist es, was ihre Interviews mit drei Generationen zutage fördern: In der jüngsten Generation tauchen Fragen auf, die auf Religiosität hin abzielen. Sehr präzise formuliert Karstein aus, dass es hier nicht um Bekehrungen oder Mitgliedschaftswanderungen in signifikantem Maße geht. „Aber wir sind in dieser jüngsten Generation auch auf neue Thematisierungen von Fragen gestoßen, wie sie in den Religionen verhandelt werden. Insgesamt konnten wir vier Wege identifizieren, über die sich die Jüngsten dem Thema Religion annäherten. (...) Es ist wohl keine neue Religiosität, aber eine neue Art, religiöse Fragen zu stellen, die sich hier zeigt."

Unter der Überschrift der naturwissenschaftlich-technizistischen Bestreitung des Gottesglaubens meldet sich Birgit Platow, evangelische Religionspädagogin aus Dresden. Sie nimmt wahr, wie stark sich die Faszination an der umstürzenden Kraft von „Künstlicher Intelligenz" (KI) in religionsanaloge Sprachmuster gießt. Früher erfuhr man Gott als allgegenwärtig, allwissend und allmächtig; und man nutzte dies für die eigene humane Selbstbestimmung. Heute legen sich dieselben Prädikate nahe angesichts von weltweit vernetzten und autonom lernenden Rechenmaschinen. Platow lehnt eindimensionale Techno-Religionen als Feuerbachsche Projektionsmanöver ab. Trotzdem sieht sie in KI funktionale Äquivalente des Gottesglaubens: An diesen wie an jenen können sich „hypothetische Selbsterfahrungen" andocken, die ganz wichtig sind für die eigenen Identitätsbildungen. Über diesen „Umweg" kann sich ein genuin religiöser Gottesglaube neu selbst justieren: Unsere unmittelbare KI-Faszination zeigt uns auf, dass wir Anregungen benötigen „zu neuer Selbstwahrnehmung und Selbstinterpretation, die sich eben gerade nicht in Wunschprojektionen und Schreckensvisionen (,Fluch' oder ,Segen') erschöpft. (…) Der Gedanke an Gott hilft nämlich, abstrakte Selbstbezüglichkeit aufzugeben und das eigene verengte Referenzsystem zu revidieren. Man könnte dies vielleicht als kritisch-konstruktive Selbstentfremdung bezeichnen."

Die dritte Bestreitung des Gottesglaubens ist die religionsphilosophische. Diese wird durch den Erfurter Theologen Holger Zaborowski eingebracht. Er stellt heraus, dass der Zweifel an Gott sowohl durch Über- wie durch Ohnmacht begründet sein kann. Dabei ruft die Ohnmacht Gottes die Theodizee-Frage auf, die oben schon skizziert wurde. Zaborowski pointiert: „Ob Gott existiert oder nicht, spielt angesichts der Erfahrung seiner Ohnmacht keine Rolle mehr. Zumindest scheint kein Gott zu existieren, der sich für den Menschen einsetzen könnte und wollte. Vielleicht, so mögen manche Menschen noch denken, gibt es einen Gott, der die Welt geschaffen hat, der aber gleichgültig dem Menschen gegenüber ist."

Neben die Ohnmacht Gottes kann seine Übermacht treten. Dann begründet der Bezug auf Gott Gewalt und Machtmissbrauch. Dann wird der einzelne Mensch von Gott vergiftet, wie Zaborowski mit dem bekannten Psychoanalytiker Tilman Moser resümiert. Dann sind Selbstmordattentäter, religiöser Terror oder strukturelle Übergriffigkeit ganzer institutioneller Systeme traurige Zeugen einer durch und durch destruktiven Macht namens Religion.

Und doch, so traut sich der Autor zu, wäre es unrichtig, mit den beiden Labels „Ohn-" und „Übermacht" schon die ganze Gottesrede qualifizieren zu wollen. Denn, so endet der Beitrag: Es gibt nicht nur das Böse und Schlechte, es gibt auch das Gute. Man kann Menschen erleben, die gegen Ungerechtigkeit aufstehen; die sich hingebungsvoll für Lebensverbesserungen einsetzen; die in Konflikten moderieren und die die Kunst beherrschen, Spiralen der Gewalt umzudrehen in Dynamiken der Versöhnung und der gemeinsamen Arbeit – all dies oft verbunden mit der Bereitschaft zu hohem biografischem Risiko. „Woher das Gute?" – auch diese Frage hat ihr Recht. Und sie kann verweisen – mehr wird hier nicht gesagt – auf so etwas wie eine „stille Macht" Gottes.

Die Beiträge des Teils II:
Gott verschwindet – und *will* das auch?

Der zweite Teil des Buches verschärft die Ausgangsfrage nicht unwesentlich. Denn während bisher durchaus geübte Bestreitungen von außen durchreflektiert wurden, so nähert sich der Band nunmehr den inneren. Es geht nun sozusagen um die

„hausgemachte" Distanz zwischen Gott und Mensch. Das Fehlen Gottes wird nun nicht als Epiphänomen von (aus religiöser Sicht) verfehlter Religionspolitik (Karstein), Technikentwicklung (Platow) oder Leidverarbeitung (Zaborowski) analysiert. Es geht nun um die Logik des Religiösen selbst, um seine immanente Eigendynamik. Griffig formuliert: Es mag ja sein, dass interessierte Kreise Gott loswerden wollen. Aber was, wenn auch er selbst das will? Was, wenn man theologisch und spirituell durchzudenken – ja: durchzuleben – hätte, dass Gott sich selbst gerade entzieht und somit die Distanz sogar will?

Dies ist in mehrfacher Hinsicht keine Frage, die nur akademisch-lebensfernen Charakter hat. Denn schon die biblischen Erzählungen sind voll davon, dass der auferstandene Christus gerade von denen nicht wiedererkannt wird, mit denen er jahrelang Tag für Tag unterwegs gewesen war. Obwohl die Evangelien betonen, dass er körperlich agiert, dass er wandert, spricht, isst und die gewohnten Gesten vollzieht, ist seine Präsenzform verändert. Anders gesagt: In und durch die Auferstehung definiert und interpretiert Gott die Beziehung zu den Menschen neu. Und offenbar verlangt er von seinen Gefolgsleuten die Bereitschaft zu solchen Veränderungen. Die Kirchen- als Spiritualitätengeschichte ist voll von solchen epochalen Einschnitten, in denen nachher der Glaube an Gott anders war als vorher: Die konstantinische Wende, die Völkerwanderung, die Reformation, die Säkularisierung Napoleons können sicher als solche einschneidenden Einschnittszeiten gelten, die die grundsätzliche Erfahrbarkeit Gottes und die Formen der Frömmigkeit fundamental verändert haben. Offenbar muss Gott, geistlich gesehen, als aktiver Beziehungspartner ernstgenommen werden, der immer wieder in souveräner Unverfügbarkeit nicht nur Nähen, sondern auch Distanzen zu sich aufbaut.

Vielleicht ist es auch heute so, dass Gott den Modus des Zugangs zu ihm verändert; und dass er nicht mehr auf den Wegen von gestern, sondern auf anderen gesucht werden will. Wenn dem so ist, sehen die eingeübten Routinen des Gottesdialoges ihren Partner immer weniger und müssen sich ihrer Umstellung zuwenden. Treue ist dann: Bereitschaft zum Neuen.

Eindrücklich ist vor diesem Hintergrund die Entdeckung, dass große Gestalten der Spiritualität im 20. Jahrhundert genau von solchen Distanzerfahrungen und Umstellungsarbeiten berichten. Ja: Sie erbauen ihre Spiritualitäten sogar aus solchen Abwesenheitserfahrungen Gottes heraus. Stefan Tobler, evangelischer Theologe aus Hermannstadt in Rumänien, übernimmt es, dies auszuführen. Am Beispiel dreier großer Frauengestalten – Madeleine Delbrêl, Chiara Lubich und Mutter Teresa von Kalkutta – kann er drei Varianten solcher Distanznahmen qualifizieren, die auf die Initiative Gottes hin erfolgen: „Die Welt ohne Gott um uns herum" (Delbrêl); „Die Welt ohne Gott in uns selbst" (Mutter Teresa) und „Die Welt ohne Gott in Gott" (Lubich). Tobler dokumentiert auffällig vorsichtig, was er in diesen drei Portraits als gemeinsamen Zug erkennt: „Alle drei haben auf unterschiedliche Weise genau diese Gottferne der Welt in ihren eigenen Glauben aufgenommen, oder genauer: sie auch existentiell auf sich genommen. Sie durchlebten selbst, was sie sahen, sie waren Teilnehmer, nicht Zuschauer." Dies ist auch sein Fazit: dass die Gottesferne durch Gott selbst eben nicht bedeuten muss, als Mensch seinerseits auf Distanz zu gehen. Vielmehr kann sogar das Fehlen Gottes existentiell zum tragenden Grund einer Gottespartnerschaft werden.

Ähnlich bedrängend wie die Behauptung einer Gottesferne durch Gott selbst für alle ist, die eigentlich aus seiner Nähe und Präsenz leben wollen, ist auch das, was die Erfurter Dogmatikerin Julia Knop beobachtet hat: eine durch die Kirche selbst provozierte Gottesabwesenheit. In sehr plastischer Art spricht Knop von einer ekklesiogenen Gotteskrise: „Gegenwärtig verlassen Menschen die Kirche, weil ihnen ihr Glaube heilig ist. Sie treten aus der Kirche aus, um ihren Gott nicht zu verlieren. Sie suchen Gott jenseits kirchlicher Formate, weil ihnen das kirchliche Weihwasser bitter geworden ist und sie vielen Vertretern dieser Kirche keinen Glauben mehr schenken mögen. (…) Wenn wir 2021 über das Verschwinden und den Verlust Gottes nachdenken, müssen wir ehrlich und ernsthaft auch über den Faktor Kirche nachdenken und darüber, inwiefern eine zutiefst schuldig und unglaubwürdig gewordene Institution den Verlust Gottes im Glauben der Menschen befördern kann."

Im Folgenden argumentiert der Text aus, dass eine so umfassende wie in ihrer Systemdynamik fundierte Kirchenkrise nach katholischem Lehrverständnis zu einer Glaubenskrise heranwachsen muss und dass die oft hörbare Unterscheidung, man möge sich mehr um die Evangelisierung kümmern als um die vorgeblich nur selbstbezogenen Strukturreformen, den Kern verfehlt. Denn die Kirche ist nicht nur als unsichtbares Mysterium, sondern auch in ihrer äußeren Struktur – also von Amt, Ritual, Verfassung, Recht usw. her – quasi als Sakrament gedacht. In einer schönen Metapher spricht Knop davon, dass die Kirche auch als Struktur „Signalwirkung für Gott" aufweisen müsse. Wird dieses Signal unverständlich oder sogar zerstörend, kann Kirche das Gottvertrauen der Menschen verhindern, verstellen oder sogar zerbrechen. Wer dann sagt: „Ich glaube an einen Gott, der fehlt", beklagt, dass es ausgerechnet die diesem Gott verpflichtete Kirche ist, die ihn entfernte.

Diese Verstörung, dass die Kirche sich wie eine Mauer vor den eigenen Gott stellt, ist für eine geistliche Zeitgenossenschaft sicher das markanteste Signal einer durchgreifenden Gotteskrise. So viele Menschen melden sich mit den Erfahrungen einer gewalttätigen, machtmissbrauchenden Kirche! Wir als Herausgeber drücken unsere Solidarität mit den Betroffenen aus durch das Vorschalten einer komplett geschwärzten Seite.

Es bleibt nach alldem die Frage: „Wie kann man heute überhaupt noch zeitgemäß an Gott glauben?" Sie wird in überraschender Weise vom bekannten tschechischen Priester und Soziologen Tomáš Halík (Prag) beantwortet. Halík bestätigt zunächst alles, was auch dieser Band bisher an Material angesammelt hat: dass nichts in der aktuellen Welt mehr aus sich heraus evident und notwendig auf die Annahme verweist, dass ein Gott ist; dass vielmehr eine neue Freiheit des Deutens und des Wählens greift; dass dies wirklich als Freiheit und nicht als Defizit zu begrüßen sei; und dass sich durch all das eine neue Verborgenheit Gottes erfahren lässt, in die man sich erst einmal geistlich hineinzuarbeiten habe. Gerade weil aber jeder wie auch immer geartete Zwang aus der Gottesbeziehung verschwunden sei, wird auch der Charakter der Gottesidee neu geklärt: An Gott zu glauben, ist mehr als rationale Durchdringung der Welt, mehr als emotionale Sensibilität, mehr als ethische Verantwortungsübernahme, mehr als ästhetischer Ausdruck und mehr als mystische Faszination. Was den Menschen jenseits all dieser – wichtigen, unersetzlichen, aber eben auch ohne Gott zugänglichen – funktionalen Effekte herausfordert, ist eine neue Tiefe der Liebe. Liebe ist nämlich das Wollen, dass jemand sei, und zwar als das, was es ist.

Die verblüffende Einladung, die Halík ausspricht, lautet daher: „Wenn ein Mensch antwortet, dass er nicht weiß, ob und wie Gott ist, muss er dadurch sein Nachdenken über Gott nicht beenden. Er kann sich noch eine andere Frage stellen: *Sehne ich mich nach ihm? Will ich, dass Gott ist?"*

Denn der Sinn des Wortes „Gott" erschließt sich erst in einem Raum, in dem man aus freien Stücken liebt – und damit den Anderen den Anderen sein lässt.

Dazwischen

Wer dem Buch gemäß dieses erschlossenen roten Fadens folgt, kann zwei Beobachtungen machen: Zum einen kommen nahezu alle Herausgeber:innen und Autor:innen aus dem Osten Deutschlands und Europas. Die genannten Städte heißen Leipzig, Dresden, Erfurt, Hermannstadt und Prag. Das ist kein Zufall, sondern war erklärtes Programm des Kongresses. Sicher können die Christ:innen, aber auch die Bürger:innen aus den östlichen Regionen denen im volkskirchlich geprägten Westen und Süden klarer berichten, was religionslose Kultur wirklich bedeutet.

Zum anderen sind zwischen die Texte Bilder und geistliche wie lyrische Texte sowie Hinweise auf eine Filmreihe gesetzt. Thomas Arnold, Judith Hamberger und Matthias Sellmann erschließen die Zusammenhänge. Auch dies ist Ausdruck der den Kongress fundierenden Überzeugung, dass die Gottesfrage auf den ganzen Menschen ausgreift. Vieles vom Rätsel des fehlenden Gottes kann und muss rational bedacht und verbal besprochen werden. Doch anderes – eben das Dazwischen – wird sprachfähig, wenn andere, künstlerische Ausdrucksformen greifen. Die Herausgeber:innen sind dem Benno-Verlag, namentlich Herrn Volker Bauch, außerordentlich dankbar, dass er diese Ganzheitlichkeit großzügig unterstützt und ermöglicht.

Ein ebenso herzlicher Dank geht an die vielen Reaktionspartner:innen des Kongresses zurück, die die Stimmen der Synodalversammlung eingebracht haben; an die vor- und nachdenkende Projekt-AG, an die Moderator:innen der Reflexionsgruppen; an die beiden Kongressbeobachter:innen der Veranstaltung Beatrix Ledergerber und Volker Resing und an die Teams der Technik Jensen&Hahn und der Akademie.

Gewidmet ist der Band unserem abschließenden Impulsgeber, Pater Bernd Hagenkord SJ. Pater Hagenkord war einer der beiden Geistlichen Begleiter des Synodalen Weges und investierte einen seiner letzten öffentlichen Auftritte in unseren Kongress, bevor er nach unerwartet heftigem Krankheitsverlauf im Juli 2021 gestorben ist. Für diesen Beitrag sind wir dankbar. Seine Worte an uns sind aufgezeichnet.[7] Gewohnt markig formuliert er in seiner Ausleitung des Kongresses: „Wir als deutsche Kirche, im Miteinander von Bischöfen und Laien, sind lausig im Zuhören auf Glaubenssignale."

Wenn die Beiträge dieses Bandes uns befähigen, unserem Gott intensiver zuzuhören, weil oder obwohl er fehlt, wird dies auch die Qualität jener Kirche verbessern, die deswegen weiterhin als Kirche aufgesucht werden darf, weil sie sich weigert, von ihm zu lassen.

Teil I:

Gott verschwindet – und *soll* das auch? Die äußeren Veränderungen geistlichen Lebens

Uta Karstein:
Bald unter 50 %! Die alltagsweltliche und religionspolitische Bestreitung des Gottesglaubens in Ostdeutschland

Birte Platow:
Gott und neue Götter – von der technizistischen Ersetzung des Gottesglaubens und seinem widerständigen Wert

Holger Zaborowski:
Von der Güte und stillen Macht Gottes – jenseits seiner Ohnmacht und Übermacht

Dem Grund zu

Warum nicht einander Abgrund sein
und einer des anderen Glück?

Warum nicht gegen- und beieinander
sich finden in bergender Kammer?

Warum nicht eins im andern bange sein
auf geraden Weges absehbarem Stück?

Warum nicht einander Abgrund sein
und einer des anderen Glück?

Uwe Kolbe

Bald unter 50 %!
Die alltagsweltliche und religionspolitische Bestreitung des Gottesglaubens in Ostdeutschland

Uta Karstein

1. Einleitung: religiöse Situation in Ostdeutschland – das erzwungene Eigene

Der vorliegende Band hat es sich zur Aufgabe gemacht, über die gegenwärtigen Bedingungen des Gottesglaubens nachzudenken. Zu diesen Bedingungen zählt auch, dass säkularisierende Einflüsse mittlerweile eine lange Tradition und eine große Reichweite haben. Dies gilt auch und vor allem – aber nicht nur – im Osten Deutschlands. Der folgende Text wirft ein paar Schlaglichter auf diesen ostdeutschen Kontext. Es soll zum einen um die historischen Entwicklungen gehen, die hier wirksam waren, zum anderen aber auch um einen Einblick in das Denken und die Anschauungen der hier lebenden Menschen. Dafür greife ich auf die Materialien und Befunde eines Forschungsprojektes zurück, dass vor einigen Jahren an der Universität Leipzig durchgeführt wurde.[8]

Um die Leserinnen und Leser einzustimmen, soll im Folgenden kurz über einen Konflikt berichtet werden, der einen plastischen Eindruck von der Fronstellung vermittelt, in den sich Vertreterinnen und Vertreter von Kirchen und Religionsgemeinschaften heute zuweilen wiederfinden.[9] Dabei handelt es sich um die am 10. und 11. Dezember 2011 in der Leipziger Volkszeitung dokumentierte Auseinandersetzung um öffentliche Kulturveranstaltungen, die eine Fülle von Leserzuschriften hervorgebracht hat. Eine Bürgerinitiative hatte sich zuvor dafür stark gemacht, Open-Air-Musik in der Leipziger Innenstadt auf maximal fünf aufeinanderfolgende Tage und während der Woche auf 22 Uhr zu begrenzen. Dies wurde prompt als ein Angriff auf das unter Leipzigern außerordentlich beliebte Programm der Classic Open interpretiert. Während dieser Konflikt anderswo als Streit um das Verhältnis von Wohnqualität und Belebung der Innenstädte behandelt worden wäre, nahm er in Leipzig eine sehr spezifische Wendung. Dazu hat sicherlich auch beigetragen, dass der Leiter der Bürgerinitiative der ehemalige und vielen bekannte Pfarrer der Thomaskirche ist, und die Classic Open längst eine populäre Institution im städtischen Veranstaltungskalender geworden sind. So wurde aus dem Konflikt ein Streit um den Stellenwert und die Reichweite des Religiösen.

Die eigentliche Ruhestörung gehe von den Kirchenglocken aus, polemisiert ein in Leipzig ansässiger Musikproduzent, und der Pfarrer kontert, das sei eine für das Niveau einer „Atheistenstadt" typische Retourkutsche. Ein Leserbriefschreiber will den vor 20 Jahren aus Mannheim gekommenen Pfarrer „mit Schimpf und Schande aus der Stadt jagen", etliche schließen sich dem an. Repräsentanten der Theologischen Fakultät und die Gemeinde der Thomaskirche sehen darin einen im Kern rechtsextremistischen Aufruf zu Pogrom und Menschenjagd. Daneben finden sich Voten, die auf Grenzziehungen pochen und dabei den Pfarrer nicht als Akteur der Zivilgesellschaft, sondern als „Kirche" verbuchen. Einer schreibt:

„Endlich hat der Hirte Wolff es begriffen: Leipzig ist eine Atheistenstadt, keine mittelalterliche Betburg für Ewiggestrige, sondern ein moderner Ort der Wirtschaft, Wissenschaft und Kultur, mit Visionen und Zukunftsdenken. Was er wohl nie begreifen wird, ist die im Grundgesetz festgeschriebene Trennung

von Staat und Kirche, sonst würde er sich nicht ständig in universitäre und städtische Angelegenheiten einmischen."
Unabhängig von der Neigung der beteiligten Akteure zur Dramatisierung verweist der Konflikt doch auf einen kulturellen Resonanzboden, in dem Kirchlichkeit und Weltlichkeit zu Gegenspielern geworden sind. Für diese Spannung, die man vor allem in Ostdeutschland finden kann, haben wir den Begriff der „forcierten Säkularität" geprägt. Dahinter verbirgt sich die Spannung zwischen äußerem religionspolitischem Zwang und persönlicher Aneignung der Religionskritik – und damit eine Haltung, die über das durch die SED Erzwungene hinaus zum Eigenen vieler Ostdeutschen geworden ist. Denkt man über die Herausforderung gegenwärtigen Gottesglaubens nach, so muss man diesen Kontext unbedingt in Rechnung stellen und dafür überzeugende Antworten finden.

2. Ostdeutsche Religionslosigkeit im Kontext

Die meisten sozialistischen Regime, besonders diejenigen mit mehrheitlich protestantischer Bevölkerung, waren im 20. Jahrhundert in der Lage, Kirchenmitgliedschaft und Religiosität zurückzudrängen. Während sich dies in manchen Ländern nach dem Fall des Kommunismus partiell revidierte – vor allem dort, wo es zu einem engen Bündnis von Kirche und Nation kam –, war dies im Osten Deutschlands nicht der Fall.[10]

Warum war die Religionspolitik der SED so nachhaltig? Historiker und Historikerinnen haben gezeigt, dass im mittel- und norddeutschen Raum die Bevölkerung bereits vor dem Nationalsozialismus relativ kirchenfern war. Hier trafen unterschiedliche säkularisierende Einflüsse zusammen: So trug die durch die Industrialisierung in Gang gesetzte Bevölkerungswanderung zur Auflösung von sozialen Bindungen und Tradi-

tionen bei und in den Ballungszentren hatten die überwiegend kirchenkritische Arbeiterbewegung und religionskritische Vereine großen Zulauf.[11] Daran knüpfte die SED mit ihrer Ideologie der wissenschaftlichen Weltanschauung erfolgreich an. Von Anfang an betrieb sie einen großen Aufwand, um diese Weltanschauung „in die Massen zu tragen" und beschäftigte dafür zehntausende Lehrerinnen und Lehrer innerhalb der Schulen, aber auch außerschulischen Erwachseneneinrichtungen wie der Urania oder die Sternwarten. Keine dieser Institutionen war ausschließlich ideologisch; alle verbreiteten tatsächlich naturwissenschaftliche Erkenntnisse in der Bevölkerung. Aber sie taten dies innerhalb des Rahmens einer wissenschaftlichen Weltanschauung, die dazu gedacht war, Religion durch ein wissenschaftliches Weltbild zu ersetzen. Für die Möglichkeit der Aneignung der Ideologie der SED war das bedeutsam.

Noch heute ist der Osten Deutschlands eine der religionslosesten Regionen der Welt. Nur wenige Länder – etwa Tschechien oder Estland – weisen ähnlich niedrige Werte der Kirchenmitgliedschaft oder der Selbsteinschätzung als religiös auf. Unmittelbar nach Kriegsende waren noch 91 Prozent der ostdeutschen Bevölkerung Mitglied in einer der beiden christlichen Kirchen, 40 Jahre später nur noch jeder Vierte. Im Gegensatz zu vielen Erwartungen setzte sich der negative Trend der DDR-Zeit in abgeschwächter Form auch nach 1990 fort.

Allerdings gab es seit 1990 auch neue Entwicklungen im Bereich der Religion, die vor allem die jüngeren Generationen betreffen. Die ALLBUS-Umfrage des Jahres 2012 zeigt bei der jüngsten befragten Gruppe der 18- bis 29-jährigen Ostdeutschen eine im Vergleich zum Jahr 1991 erkennbar stärkere Zustimmung zu bestimmten religionsnahen Aussagen. Auffällig ist in dieser Altersgruppe vor allem ein Befund, den man als relativ allgemeines In-Rechnung-Stellen von Transzendenz interpretieren könnte, und zwar in einer positiven (Leben nach dem Tod) und einer negativen Variante (Okkultismus). Den größten Zuwachs – innerhalb von etwa 20 Jahren kam es hier zu mehr als einer Verdoppelung von 15 auf 33 Prozent – erfuhr dabei der Glaube an ein Leben nach dem Tod, ohne dass gleichzeitig der Glaube an einen Gott gestiegen wäre.[12]

Es wäre sicher übertrieben, deswegen gleich von der Wiederkehr der Religion unter den jungen Ostdeutschen zu sprechen. Aber es wird hier deutlich, dass es im Verhältnis zur Religion einen Unterschied zwischen den Generationen gibt. Die konfrontative Haltung, die wir anfangs skizziert haben, dürfte für die Jüngsten nicht mehr charakteristisch sein.

3. Anliegen und Konzeption der Studie

Im Lauf unserer Forschungen wurde zunehmend deutlich, dass die Religionspolitik der SED vielen nicht nur äußerlich geblieben ist, sondern Eingang gefunden hat in das eigenständige Handeln und Deuten vieler DDR-Bürgerinnen und -Bürger. Wir gehen also davon aus, dass mit dem von oben forcierten Prozess der Säkularisierung auch Prozesse subjektiver Aneignung einhergingen, denen man auf die Spur kommen muss, um die nachhaltige Abkehr der Ostdeutschen von Religion und Kirche zu begreifen. Das gilt auch für die vorsichtige Öffnung der jüngsten Befragten gegenüber religiösen Deutungsmustern.

Wir haben deshalb 24 Familieninterviews geführt, an denen jeweils drei Familiengenerationen beteiligt waren. Dadurch kamen die unterschiedlichen Perspektiven in den Familien und die familiären Aushandlungsprozesse gut in den Blick. Auch für die Entscheidungen, die im Hinblick auf Religion und Kirche getroffen wurden, waren die Familien ein wichtiger Ort. Entscheidungen für oder gegen den Kirchenaustritt, für oder gegen Jugendweihe oder Taufe waren oft Familienentscheidungen. Andererseits mussten sich Abweichungen gegen familiäre Traditionen durchsetzen. Aus diesem Material werden nun einige Befunde vorgestellt.

4. Zur subjektiven Plausibilität von Religions- und Kirchenkritik

Wie muss man sich solche Aneignungsprozesse der staatlichen Religions- und Kirchenkritik von Seiten der Bürger nun vorstellen? Entscheidungszwänge und Loyalitätskonflikte spielten dabei eine wesentliche Rolle. Schließlich präsentierte die SED sich und ihre Angebote immer im Sinne eines „Entweder-oder": Wer in die Partei wollte, sollte dafür aus der Kirche austreten, wer von Wissenschaft und Fortschritt überzeugt war, konnte nicht mehr ernsthaft an Gott glauben, usw. Diese Logik der Ausschließlichkeit übertrug sich auch auf den Alltag. Um es in den Worten eines Interviewpartners zu sagen: „Irgendwann musst du dich bekennen.[13]"

In unseren Interviews werden drei Bereiche erkennbar, in denen dieses „Entweder-oder" im Alltag relevant wurde: als *Konflikt um Zugehörigkeit und Loyalität* (also Partei- versus Kirchenmitgliedschaft oder Jugendweihe vs. Konfirmation oder Firmung), als *Konflikt um Ethik* (christliche vs. weltliche Ethik und Moral) und als *Konflikt um Weltdeutung* (religiöses versus wissenschaftliches Weltbild).

Die folgenden Beispiele beziehen sich vor allem auf den letzten Konflikt. An ihm lässt sich exemplarisch zeigen, wie die Auseinandersetzungen Eingang in das Denken und Handeln der Menschen gefunden haben. Der Konflikt ist deswegen von besonderem Interesse, weil er die Rahmenbedingungen schafft, zu denen sich auch die religiösen Suchbewegungen nach 1989 ins Verhältnis setzen mussten. Präsentiert wird zunächst Interviewmaterial aus einer Familie, die die Verbindung zur evangelischen Kirche nie völlig gekappt hat und zur Wendezeit diesen Kontakt sogar wieder erneuert. Dennoch spielt der Gegensatz von Wissenschaft und Religion hier eine zentrale Rolle.

Ein paar Bemerkungen zur Familiengeschichte: Die aus Schlesien stammenden Großeltern der Familie siedelten sich 1945 zusammen mit den Urgroßeltern in der Nähe Berlins an. Dort gründeten sie einen selbständigen Handwerksbetrieb, der auch heute noch im Familienbesitz ist. Die Familie ist geprägt durch den Unabhängigkeitswillen und Handwerkerstolz des Großvaters. Dieser wird als extrem leistungsorientiert und als Atheist charakterisiert. Gegenüber dem DDR-Regime war er distanziert. Auch bei der Großmutter ist der Bezug zum christlichen Glauben nur noch schwach. Die religiöse Erziehung der Kinder übernimmt die Mutter des Großvaters:

> M: Und ja, und diese diese Oma (…) war sehr gläubig. Ich weiß noch, als se mir sachte, Gagarin flog das erste Mal im Weltall: „Kind, jetzt wirste seh'n, jetzt kommt der liebe Gott und haut ihm was auf 'n Deckel". (…) Nun muss man sagen, sie war also auch 'n schlichter Mensch. Die hatten damals keine große eu/achte Klasse. Ah noch nich' ma.
> GM: Ach Dorfschule irgend'n
> M: Also auf 'm Dorf groß geworden und, *aber* ähm, ja, äh, hatte ihre moralischen Grundwerte aus der Bibel eben, nich'? (…) Und durch *sie* hab' ich so 'n bisschen diesen *christlichen*, also bin ich an die Bibel rangeführt worden. Und *da* ich in Opposition stand mit den Jungpionieren und so weiter, en bisschen also mit diesem Staat, gefärbt durch meinen *Vater* wieder, eh bin ich, äh hab' ich mich also zu diesem Christlichen hingezogen gefühlt. Außerdem war ich ein sehr fantasievoller Mensch (2) und alles was mit *Mythos* und mit, des, was 'n bisschen *Märchen* und *Geschichten*, das fand ich toll.

Die Äußerung Gagarins, er habe im Weltall nach Gott Ausschau gehalten, ihn aber nirgendwo gefunden, wurde Anfang der 1960er Jahre auch in der DDR als eine Art negativer Gottesbeweis kolportiert. Indem nun die Urgroßmutter als schlichter Mensch ohne Bildung charakterisiert wird, ist ihr Kommentar zu Gagarin bereits entsprechend gerahmt. Die Vorstellung,

Gott würde Gagarin ‚was auf den Deckel geben', erscheint vor diesem Hintergrund im besten Fall als naiv. Wenn das Religion sein soll, kann man sie eigentlich nicht ernst nehmen.

Im Interview zeigt sich, dass die Mutter der offiziellen Betrachtungsweise von Religion letztlich folgt. Zunächst aber wird sie in ihrer Kindheit durch die christliche Überzeugung der Urgroßmutter und die großväterliche Distanz gegenüber dem Staat geprägt. Obwohl ihre Eltern sie nicht hatten taufen lassen, entscheidet sie sich später für Taufe, Christenlehre und Konfirmation. Diese Haltung hält aber der Konfrontation mit der wissenschaftlichen Weltanschauung nicht stand:

> M: Und *eh*, ja, dann *später* setzten dann die naturwissenschaftlichen Fächer bei mir ein in der Schule. Und dann kam das, das, da, ja das *Wissen* dazu, und dann sagt man sich „Nein". Weil ich ja den Glauben in dieser, in dieser kleinen einfachen Form kennengelernt habe, dacht ich mir: „Des is' ja alles Humbug. Das is' Humbug. Man kann alles erklären. Der Mensch wird *irgend*wann alles eh 'rausfinden", wie uns also die Genossen auch immer gesagt haben: „realistisches Menschenbild" und so weiter. Toll, ja. Also zum Kommunisten bin ich trotzdem nicht geworden, aber erst mal zum Atheisten.

Es ist der naive Glauben – der Humbug –, von dem sich die Mutter im Laufe ihrer Schulzeit abwendet und zunächst „zum Atheisten" wird. Der Glaube der Urgroßmutter hat dem Fortschrittsoptimismus und der Macht der Wissenschaft nichts entgegenzusetzen. In diesen Aussagen spiegelt sich ein Argumentationsmuster, das auch die Religionskritik der SED wie ein roter Faden durchzog. Bemerkenswert ist aber, dass die Mutter zwischen der kommunistischen Ideologie und einer atheistischen Grundeinstellung unterscheidet. Obwohl der Marxismus-Leninismus immer beides meinte, war es im Alltag durchaus möglich, nur das „wissenschaftliche Weltbild" zu übernehmen. Diese Positionierung „für die Wissenschaft" scheint uns für die Nachhaltigkeit des Säkularisierungsprozesses in der DDR besonders relevant. Denn sie kann sich von dem politischen Umfeld, innerhalb dessen sie entstanden ist, auch wieder lösen.

Bei der Tochter als Repräsentantin der jüngsten Generation zeigt sich ein ähnlicher, verwissenschaftlichter Zugang zur Religion, allerdings in einer kulturalisierten Form, die auch bei der Mutter schon deutlich wurde, wenn sie sagt, sie habe sich für Mythos, Geschichten und Märchen interessiert. Die Bibel ist auch beim jüngsten Familienmitglied weniger ein Buch des Glaubens denn ein Fundus von Geschichten und eine Art Kulturgut, über das man ein wenig Bescheid wissen sollte.

Zusammenfassend lässt sich sagen, dass der Säkularisierungsprozess in dieser Familie seine Grundlagen in der nur noch schwachen Kirchenbindung der Großeltern hat. Die mittlere Generation vollzieht aber unter dem Eindruck der institutionalisierten Religionskritik in der Schule die Abkehr von einem als unmodern angesehenen Glauben. Der Wahrheitsanspruch einer sich auf die Wissenschaft berufenden Weltauffassung liegt der Mutter näher als die schlichte Religiosität der Urgroßmutter. Allerdings bleibt Religion relevant als Teil der eigenen Kultur und als Fundus von Geschichten und Mythen, deren Relativierung immer mit transportiert wird: „immer als Geschichte" und „immer mit Fragezeichen".

Vorgestellt werden soll nun noch eine zweite Familie, bei der die

Gegenüberstellung von Wissenschaft und Religion gerade im Vergleich der Generationen sehr deutlich wird. Die folgende Passage stammt aus einem Teil des Familieninterviews, in dem die Familie gefragt wurde „Was glauben Sie, kommt nach dem Tod?".

> I2: Also wir ham so eine (…) Standardfrage die stellen wir (…) allen Familien noch mal zum Schluss (…) Was, würden Sie denken, kommt nach dem Tod?
> Gm: Asche
> I2: Asche
> Gm: Und nichts anderes
> I2: Mhm
> Gm: Das finden Naturwissenschaftler {schmunzelt} (1)

Die Großmutter, eine Ärztin, gibt hier den Tenor vor und liefert gleichzeitig den wissenschaftlichen Deutungshorizont: „das finden Naturwissenschaftler". Damit setzt sie einen klaren Rahmen, zu dem sich die anderen Familienmitglieder ins Verhältnis setzen müssen.

> M: Nee das is bei mir anders.
> Gm: Ja ja ich hab ja nur meine Meinung gesagt
> M: Ja bei mir is das anders also ich
> Gm: ⌞fuffzich Jahre Medizin?
> M: Na gut ähm wir wissen's nich
> Gm: ⌞ich hab noch keinen Auferstandenen wieder erlebt
> M: ⌞Also ich befasse mich relativ äh intensiv mit diesen ganzen Geschichten der der todesnahen Erlebnisse. Also die ähm (.)

I2:	∟ diese Nahtod
M:	∟ die Tunnel und solche Geschichten ne? und was was man so (…) Also damit befasse ich mich schon intensiv, das is aber aufgrund dieser Ostseegeschichte damals. Da war ich glaub ich drei? Da bin ich von ner Welle erwischt worden und war eigentlich schon weg. Hab also nich mehr geatmet und ich hab *nur* Farben gesehen. Es war so schön. Dann ham die mich da rausgezerrt mein Riesenvater hat mir da auf de Brust gedrückt und das war also ganz grausig
Gm:	∟ reanimiert
M:	Ich war stinkwütend, dass die mich zurückgeholt haben. Weil es war kalt es war, es tat weh wie nix, ne? Und da kann ich mich aber sehr genau daran erinnern (…) es wirbelte alles es waren Farben über (.) überall also es war wirklich schön. Und n paar Sachen hab ich auch inzwischen gelesen und gesehen (.) die auch diese Beschreibungen haben
Gm:	∟ Es is auch nich immer/ Ich hab ja nun in ner Neurochirurgie
M:	∟ Na gut 's Hirn kann einem natürlich 'n Streich spielen, aber
Gm:	∟ hab ich natürlich äh unendlich viele Sterbende gesehen. Es sterben viele lächelnd (…) also es is nich, dass der Tod nun irgendwas 'n Gespenst is.
M:	∟ genau. {lacht}

Die Mutter versucht, die Perspektive zu öffnen, indem sie ein Erlebnis in ihrer Kindheit erzählt, als sie in der Ostsee fast ertrunken wäre. Sie bringt dies in Verbindung mit Berichten von sogenannten Nahtoderfahrungen und folgert, dass man manches in diesem Zusammenhang einfach nicht wissen könne. Die

Großmutter dagegen versucht, immer wieder, die Erzählungen ihrer Tochter in wissenschaftliche Bezüge zu übertragen. Im Anschluss daran wendet sie sich an ihre Enkelin, die selber kurz vor der Aufnahme eines Medizinstudiums steht. Außerdem hat sie sich der katholischen Gemeinde ihres – von der Mutter mittlerweile geschiedenen – sorbischen Vaters angeschlossen.

> Gm: (...) So und du [zu T] was denkst du was kommt? Weißt du noch nich.
> T: Nee ich kann das noch nich genau beurteilen, weil (.) ich will jetzt aber Medizin studieren und ob ich dann auch vielleicht so ne Auffassung hab wie meine Oma, das kann ich jetzt noch nich sagen.
> Gm: Des hat/ kriegste dann in fünfzig Jahren (...)
> I1: Aber jetzt, wie ist das?
> T: Ja na ich denke schon, dass da noch was kommt, ich kann nich genau sagen was und ich weiß auch nich genau, ob ich nun an Gott direkt glaube (...) ich kau/ also glaub auf jeden Fall an ne höhere Macht, das auf jeden Fall, weil es gibt so viele unerklärliche Dinge und (.) ich weiß nich ich (.) ich möcht es einfach haben, weil man bewahrt sich ja damit auch was? (.) Und es is ja auch so in unserer sorbischen Gemeinde da es is halt auch sehr wichtig und es gehört halt dazu. Und ich kann nich genau sagen (...)

In diesem Gesprächsteil wird noch einmal besonders deutlich, wie dominant die von der Großmutter vertretene wissenschaftliche Weltanschauung gegenüber den von Mutter und Tochter formulierten Perspektiven ist. Sogar die Enkelin, die den Glauben an Gott und die Einbindung in eine katholische Gemeinde erklärtermaßen als wichtig ansieht, hält für möglich, dass sie später – als Ärztin – vielleicht einmal die Sicht der Großmutter übernehmen wird. Ein eigener Ort der Religion ist in einem solchen Kontext erkennbar schwer zu behaupten.

5. Wie weiter?

Man sieht an den Interviewausschnitten nicht nur recht gut, wie die Dynamik der Distanzierung von Religion erfolgte, sondern auch, dass man es mit einer durchaus erfolgreichen Weitergabe dieser Religionsdistanz auch unter veränderten gesellschaftlichen Vorzeichen zu tun hat. Offenkundig änderten also in vielen Familien die neuen gesellschaftlichen Verhältnisse wenig an den Einstellungen der Ostdeutschen gegenüber Religion – jedenfalls nicht in dem Maße, dass sich die Veränderungen in relevantem Umfang in Kircheneintritten niederschlagen würden.

Was entsteht aber in diesem Kontext in religiöser Hinsicht an Neuem? Hierfür ist ein Blick vor allem auf die jüngste Generation aufschlussreich. Rein statistisch betrachtet ist auch die Mehrheit der ostdeutschen Jugendlichen und jungen Erwachsenen nicht religiös oder spirituell orientiert. In vielen Fällen ist die Religionslosigkeit zu einer Art „Familienerbe" geworden. Aber wir sind in dieser jüngsten Generation auch auf neue Thematisierungen von Fragen gestoßen, wie sie in den Religionen verhandelt werden. Insgesamt konnten wir vier Wege identifizieren, über die sich die Jüngsten dem Thema Religion annäherten.

In der ersten Variante werden religiöse Texte und Rituale vor allem in ihrer Ästhetik wichtig. Religion ist in erster Linie Kulturgut. Diese Position kam unter dem Stichwort „Bibel als Fundus von Geschichten und Mythen" schon zur Sprache. In anderen Fällen kann etwa die Kirchenmusik zu einem Medium des

Schönen, Anrührenden und Emotionalen werden oder zu einem kulturellen Erbe, das es zu bewahren gilt. Im kirchlichen Umfeld suchen diese Personen andere, mit denen sie dieses Interesse an Kultur verbindet, ohne christliche Glaubensüberzeugungen wirklich zu teilen. Allerdings entsteht hier eine Kontaktzone, die durchaus religionsproduktiv werden könnte.

In einer zweiten Variante werden über den Bezug auf Religion soziale Utopien und Gesellschaftsmodelle entworfen und diskutiert. Ausgangspunkt ist das Unbehagen an der jetzigen Gesellschaft, in der es primär um Konsum gehe und die als zu individualistisch empfunden wird. So kritisiert einer der Befragten: „Man braucht doch bloß auf die Straße gehen und denkt sich: Mein Gott, Leute, ist das befriedigend? Dingen hinterherzuhecheln und dann irgendwie umringt von Zeugs irgendwie dazusitzen, äh, möglicherweise alleine ohne Aufgabe, ohne Ziel?" In der Praxis mündet diese Gesellschaftskritik jedoch nicht in ein gesellschaftliches oder gar politisches Engagement. Vielmehr wenden diese Interviewpartner ihr Unbehagen über den gesellschaftlichen Zustand nach innen und versuchen, mit Hilfe von Meditations- und Körperpraktiken die eigene, verloren geglaubte Einheit von Körper und Geist wieder herzustellen. So sagt ein junger Mann: „Ich tendiere eher zum Buddhismus, dass man sagt: ‚Hey, es macht doch eigentlich Sinn, sich selber irgendwie: so weit es geht, zu verwirklichen und damit oder dann anderen Leuten zu helfen.' Irgendwie sich auch zu entwickeln oder das Beste draus zu machen." Die utopische Gesellschaftskritik mündet damit in eine Arbeit an sich selbst, die auf die „Heilung" der Person zielt.

Bei der dritten Variante, die wir unserem Material allerdings nur einmal repräsentiert haben, handelt es sich um Personen, die sich einer evangelikalen und charismatischen Gemeinschaft zuwenden. Im Osten Deutschlands sind diese Gruppen durchaus präsent, aber sie sind eine klare Minderheit, der sich angesichts ihres säkularen Umfeldes besondere Herausforderungen stellen.

In der letzten Variante kommt Religion als Form einer transzendenten – also über das Hier und Jetzt des Lebens hinausweisenden – Spekulation ins Spiel, bei der es unter anderem um das Weiterleben nach dem Tod geht. Dabei bedienen sich die entsprechenden Personen aus einem breiten Fundus von Angeboten: fernöstliche Religionen, Filme, Science-Fiction-Ideen und anderem mehr.

So verwirft ein junger Mann, der aus einer evangelischen Familie stammt, zunächst die Vorstellung von einem Gott, der auf Wolke sieben sitze und Gericht abhalte („und wenn du böse bist, dann kommst du dahin, und wenn du brav bist, dahin"), um dann die Idee von Wiedergeburt ins Spiel zu bringen:

> S: Ja. (...) Ich kann mir, ich könnte mir vorstellen, dass man möglicherweise wiedergeboren wird. Wie auch immer. Als ganz arm, ganz reich oder als Hund oder Ratte oder auch Blatt oder oder Baum. (...) Es kann auch möglicherweise sein, dass irgendwann ma' uns die grünen Männchen besucht haben oder wie auch immer und diese ganze Erde s/als Testobjekt eingerichtet haben, und jedes Mal, wenn jemand stirbt, wird er zurückgebeamt (...).
> M: └{lacht laut}

Obgleich aus einer protestantischen Familie kommend, verwirft der Sohn die Deutungsangebote des Christentums. Seine eigenen Vorstellungen bleiben vergleichsweise vage. Offenkundig ist für ihn vor allem wichtig, irgendeinen Bezug über das Hier und Jetzt hinaus zu formulieren. Wie genau dieser beschaffen ist, wird nachrangig. Sichtbar wird hier eine Lust an der provokativen Spekulation.

Der letzte Interviewausschnitt stammt aus einer gänzlich kirchenfernen und atheistischen Lehrer-Familie. Dort spricht die Tochter der Familie über ihre Vorstellung eines Weiterlebens nach dem Tode:

> T: […] also genauso wie ich das vorhin ge/ beschrieben hab, diese diese ähm, diese äh Be/äh Bewusstseinssache, die aus Teilchen, die sich irgendwie zu irgend'nem lebendigen Wesen, was wir ja sind (…) diese Zusammensetzung, dass wir eben mehr sind als nur 'n Haufen Moleküle, wie, wie das passiert, kann ich mir halt selbst nich' erklär'n, und ich denke auch, dass das ähm vielleicht wissenschaftlich nich' erklärbar is', weil, das weiß ich nich' genau. Ansonsten glaub' ich auch, alles is' wissenschaftlich erklärbar und genauso seh' ich das auch mit dieser Sterbesache, die Moleküle zerfallen mit Sicherheit, und das, was man vielleicht als Seele bezeichnen kann (…) sich bewusst sein, und das is' das, was ich als Kind schon dachte, dass *ich* irgendwann wer anders ich bin. Also ich glaube nich' direkt an die Wiedergeburt, aber ich glaube schon daran, dass es 'n Kreislauf gibt. Gibt's ja. Ich verrotte, ich werde verbrannt (…) wie auch immer. (…) Also was mit meinem Körper passiert, is mir eigentlich egal, weil der geht wieder in 'n Kreislauf über. Ich denke, dass es dann aber irgendwann so sein wird, dass, dass, dass, ähm, dass es en Menschen

gibt, der, der ich bin, also dass ähm
M: So was denkst du?

Interessant ist hier zunächst die Feststellung, dass sich das Bewusstsein einem vollständigen wissenschaftlichen Zugriff entzieht. Sein Vorhandensein stellt für die Tochter ein Faszinosum dar, das sie an einer anderen Stelle explizit als „Wunder" bezeichnet. Während der Körper in einen natürlichen Kreislauf eingeht, scheint dies für das Bewusstsein nicht in gleicher Weise zu gelten. Der Wiedergeburtsbegriff bildet für sie das Gemeinte nicht wirklich ab. Tragfähiger ist demgegenüber ein modifiziertes Kreislauf-Modell, bei dem das Bewusstsein eine Art Sonderstellung innehat. Auch hier ist es wieder so, dass die Eltern einigermaßen irritiert sind. Für die Mutter sind solche Gedanken Ausdruck einer überschäumenden Fantasie („Du hast zu viel Fantasy-Filme gesehen") und auch sie versucht in dem weiterlaufenden Gespräch, die Ideen der Tochter naturwissenschaftlich zu rahmen.

6. Resümee

Wenn man die Generationen in den Familieninterviews miteinander vergleicht, scheint der zu Beginn erwähnte Konflikt um die Classic Open eher eine Sache der älteren Generationen zu sein. In ihm klingen die Auseinandersetzungen der DDR-Zeit noch nach. Die jüngsten unserer Befragten haben an dem Bedeutungsverlust von Religion und Kirche überwiegend Anteil: Viele haben die Religionslosigkeit als Familienerbe übernommen. Sie ist für sie zur Selbstverständlichkeit geworden.

Andere dagegen entwickeln Ideen und Spekulationen zu den Fragen, mit denen sich auch die Religionen befassen: zum Sinn des Lebens und die Gestalt der Gesellschaft, zu Fragen des Todes und der Unsterblichkeit. Darin klingen die alten Fragen und

Deutungen der großen Religionsgemeinschaften nach: nämlich Vorstellungen von Seele und einem Weiterleben nach dem Tod. Aber es sind erst einmal nicht die Antworten der Religionsgemeinschaften, die hier übernommen werden, sondern es entstehen neue Mischungen und es werden unorthodoxe Anleihen bei der Populärkultur genommen. Diese sind in sich nicht immer konsistent, bisweilen ironisch, eklektizistisch dies und das aufgreifend, aber doch oft auch ernsthaft in der Frage nach der Zukunft des Individuums über dessen Tod hinaus. Es ist wohl keine neue Religiosität, aber eine neue Art, religiöse Fragen zu stellen, die sich hier zeigt.

Das Video vom Vortrag im Rahmen
des Kongresses „Was und wie, wenn ohne Gott":

Mara Kleins Reaktion als Synodale*r auf
den Vortrag von Frau Dr. Karstein:

Michael Triegel: Imago, 2019, Mischtechnik auf MDF, 129,5 x 75 cm

Gott und neue Götter - von der technizistischen Ersetzung des Gottesglaubens und seinem widerständigen Wert
Birte Platow

1. Theologie und Künstliche Intelligenz – einleitende Gedanken

Eine Theologin, die sich mit Künstlicher Intelligenz befasst? Das wirkt auf den ersten Blick doch etwas befremdlich, liegen zwischen der ältesten aller Wissenschaften, der Theologie, und der Informatik sowie weiteren technologischen Wissenschaften doch nicht nur in zeitlicher Perspektive Welten. Etwas zynisch könnte man hier einen gewissen Opportunismus vermuten nach dem Motto „Die Ratten verlassen das sinkende Schiff". In der Tat haben es die Religion und ihre institutionalisierten Ausprägungen schwer. Jahr für Jahr verzeichnen die Kirchen steigende Austrittszahlen.[14] Unter der Annahme, dass sich dieser Trend fortsetzt, werden Christ(innen) im Jahr 2030 eine Minderheit in unserer Gesellschaft bilden – wohlgemerkt evangelische und katholische Gläubige zusammengenommen. Im Bild gesprochen würde dann das Schiff sinken. Die Gründe hierfür sind Legion, vielseitig und komplex.[15] Gleichwohl soll ihnen hier nicht der primäre Fokus zukommen. Stattdessen soll dokumentiert und erklärt werden, inwiefern diese Entwicklungen ursächlich sind für eine eigenartige Beziehung von religiösen Vorstellungen und modernen Technologien. Eine Grundthese des Artikels beschreibt einen Exodus aus klassischen Formen von Religion hin zu neuen Quasi-Religionen im Umfeld moderner Technologien. Dabei stellt sich die Frage nach Ursachen, Folgen, Herausforderungen an Theologie und Kirche, aber auch die nach sich möglicherweise eröffnenden Chancen. Und so ist die Tatsache, dass eine Theologin sich mit Künstlicher Intelligenz befasst, auch nicht als pragmatischer Opportunismus zu werten, sondern als Hinweis auf verborgene Zusammenhänge sowie neue potentielle Tätigkeitsfelder für die Theologie.

„Die naturwissenschaftliche Bestreitung und technizistische Ersetzung des Gottesglaubens" – so lautete der thematische Auftrag zu einem Vortrag im Rahmen einer Konferenz, die den Ausgangspunkt dieses Buches bildet.[16] Der Titel umreißt jedoch nicht nur das Thema dieses Beitrags, sondern umschreibt zugleich seine Kernthese. So sind Naturwissenschaften und Technologien in ihrer Funktion in Bezug auf die Wahrnehmung von Gott und Religion nicht in eins zu setzen, wie dies sonst oft geschieht. Zwar ist der These zuzustimmen, dass Gott seit der Aufklärung von den Natur- und den nachfolgend aufkommenden Technikwissenschaften massiv hinterfragt worden ist. Und doch unterscheiden sie sich in ihrer Funktion: Während Naturwissenschaften auf vielfältige Weise und an diversen Stellen der christlichen Religion den Boden streitig gemacht haben, stellen technologische Wissenschaften derartige Ansprüche nicht. Mehr noch: Mit ihnen eröffnen sich neue Räume, die in gewisser Hinsicht spezifische religiöse Erfahrungen begünstigen, wie noch zu sehen sein wird. Provokant zugespitzt könnte man behaupten, dass die naturwissenschaftliche Bestreitung des Gottesglaubens überhaupt erst den Nährboden geschaffen hat, auf welchem dann neue Quasi-Techno-Religionen sprießen.[17] Die ideengeschichtliche Epoche der Aufklärung und die aus ihr hervorgehende Dominanz naturwissenschaftlicher Weltdeutung haben die menschliche Selbst- und Weltwahrnehmung also in der Tat paradigmatisch verschoben. Neben eine religiöse Weltsicht tritt eine rational naturwissenschaftliche, die nicht selten als unvereinbarer Gegenpol zur Religion wahrgenommen wird. Natürliche Weltzusammenhänge wie gesellschaftliche werden fortan nicht mehr primär mit Religion erklärt und legitimiert, sondern naturwissenschaftlich. Religion und religiöse Institutionen werden in der Folge zu einer gesellschaftlichen Institution unter vielen weiteren. Ganz treffend subsumiert Charles Taylor nach knapp 1300 Seiten seine Argumentation: Religion ist eine Option – unter vielen weiteren.[18] Insofern ist die These, die mir für meinen Vortrag zugespielt wurde, in vielerlei Hinsicht zutreffend. Zugleich provoziert sie aber. So wäre in weiterdenkender Perspektive des Titels zu fragen, ob es nicht vielmehr sein könnte, dass eine naturwissenschaftlich konstituierte Weltsicht Gott nicht abschafft, sondern ihm stattdessen spezifische Chancen für ein Comeback eröffnet, wenn auch in ungewohnten Feldern.

Zur Verdeutlichung dieser These möchte ich die Lesenden in einem „bottom-up-Prozess", als quasi induktives Annähern an eine These, zu einem Gedankenexperiment einladen, indem sie das folgende persönliche Erlebnis nachvollziehen.

Vor geraumer Zeit ließ mir der Bordcomputer meines Autos auf einer längeren Fahrt den folgenden Hinweis zukommen: „Zeichen von Müdigkeit erkannt", dazu das Symbol einer Kaffeetasse, das mir wohl nahelegen sollte, eine Pause zu machen. Meine erste, spontane Reaktion war die Einschätzung, dass ich nicht müde sei und den Hinweis daher ignorieren würde. Aber schon unmittelbar danach ertappte ich mich, wie ich nachrechnete, wie lang ich bereits wach war, wie gut ich geschlafen hatte, was ich bereits geleistet hatte etc., um validen Aufschluss über meinen physischen Zustand zu erhalten. Im Ergebnis kam ich zu dem Schluss, dass sich für etwaige Müdigkeit reliable Argumente finden ließen. In der Folge wollte ich feststellen, welche Kriterien und Parameter beim Bordsystem meines Autos die Hypothese „Müdigkeit beim Fahrer" generiert hatten. Ich blinzelte, wackelte (kontrolliert) mit dem Lenkrad, fuhr (ebenfalls verantwortungsvoll kontrolliert) über Fahrbahnbegrenzungen, jedoch konnte ich das genannte Signal nicht gezielt initiieren. Stattdessen meldete es immer wieder, für mich ohne erkennbaren Auslöser, dass es feststelle, ich sei müde. Bereits etwas zermürbt von den ständigen Warnungen meinte ich mich daran zu erinnern, dass im Auto vorhandene Minikameras Pupillenbewegungen der Augen wahrnehmen und schnelle Zuckungen der Pupille als physiologischen Indikator für Ermüdung deuten und einen entsprechenden Hinweis an den Fahrer geben. Dessen eingedenk war ich sehr verunsichert. Auf einmal formte sich nämlich in mir der Gedanke aus: „Was, wenn mein Auto besser weiß als ich selbst, dass ich gefährlich müde bin?" Immerhin kann es mir unzugängliche Signale meines Körpers wahrnehmen und auswerten – und womöglich generiert dieser Umstand besseres Urteilsvermögen auf Seiten des Autos, als das meine es ist.

An dieser Stelle muss offenbleiben, wie dieser Gedanke ggf. mein Verhalten beeinflusst hat. Stattdessen ist der Frage nach zugrundeliegenden Motiven und handlungsauslösenden Impulsen nachzugehen. Augenscheinlich wurde hier nämlich kurzfristig die individuelle Wahrnehmungs-, Deute- und Urteilshoheit, also die individuelle Autonomie an ein externes Steuerungssystem abgegeben. Und es ist überraschend, welch konstitutive Funktion in diesem Ereignis religiösen Vorstellungen zukommt.

2. Vom religiösen Potential moderner Technologien – religionspädagogische Analysen

Der Schlüsselmoment für die Gedankengänge und Motivationen im skizzierten Beispiel war die Erkenntnis, dass das Steuerungssystem moderner PKWs längst nicht mehr nur ein stupide programmiertes, von der fahrenden Person isoliertes Programm ist, sondern dass es in spezifischer Art und Weise mit ihr interagiert, indem es physiologische Regungen erfasst, deutet und zurückmeldet. In dieser und analogen Situationen[19] wird dabei (zu Recht oder Unrecht) gemutmaßt, dass „künstliche Intelligenz" die leistungsstarke, hinter den skizzierten Prozessen stehende Technologie sei. Was künstliche Intelligenz en détail und in differenzierender Betrachtung ist, kann an dieser Stelle zunächst einmal zweitrangig bleiben. Von größerer Bedeutung ist hingegen, wie die Chiffre „Künstliche Intelligenz" und korrespondierende individuelle Zuschreibungen in derartigen Zusammenhängen die individuelle Wahrnehmung präformieren. Unaufgefordert und weitgehend unbewusst stellen wir uns nämlich die Frage, wie sich menschliche Intelligenz zu künstlicher Intelligenz verhält. Dabei machen wir diese beiden Formen von Intelligenz zu Größen in *ein- und demselben* Referenzsystem in unserer Wahrnehmung und generieren vor diesem Hintergrund situative Selbstbilder und Urteile. Dafür definieren wir Aufgaben und bestimmen, wie humane Intelligenz bzw. künstliche die gestellten Anforderungen erfüllt. Da KI-Systeme insbesondere in jeder Form der Datensammlung, -analyse und Auswertung einer Einzelperson in Situationen der beschriebenen Art überlegen sind, kommt es oft zu Negativbescheiden für den Menschen, wenn er seine Fähigkeiten mit denen einer KI vergleicht. Und diese Erfahrung ist kein singuläres Ereignis: Im Gegenteil, Wahrnehmungs- und Verhaltensweisen der skizzierten Art sind durchaus

aus unterschiedlichsten Bereichen gesellschaftlichen Lebens und Handelns bekannt, nämlich überall dort, wo Menschen mehrheitlich in Daten abgebildet werden bzw. wo diese handlungs- und entscheidungsleitend eingesetzt werden.[20] Dies ist bislang vor allem in der Ökonomie und Medizin[21] der Fall, aber in wachsendem Maße auch in fast allen anderen Bereichen unserer Gesellschaft und selbst dort, wo man es traditionell nicht vermutet, etwa bei den Sozial- und Geisteswissenschaften.[22]

Betrachtet man die Diskurse zum Thema Künstliche Intelligenz im öffentlichen Raum, so stellt man fest: Auch hier geschieht Analoges. Manche Abläufe und Funktionen nehmen wir bislang als exklusiv menschlicher Intelligenz vorbehalten, etwa Kreativität oder Emotionalität.[23] Gleichwohl zeichnet sich ein Wandel ab; glaubt man den Visionären der Szene, verkörpert die Digitalisierung eine Revolution, die mit dem Übergang der Menschheit von einem Dasein als Jäger und Sammler zur sesshaften Agrarkultur oder ihrem Eintritt in das Maschinenzeitalter mit der Industriellen Revolution vergleichbar wäre. Der nächste Schritt in der Entwicklung Künstlicher Intelligenz wird ein Sprung sein, der der Logik exponentiellen Wachstums gehorcht und sich daher nicht in linearer Logik aus der Vergangenheit bzw. Gegenwart entwickeln lässt. Ebenso wenig lässt er sich mit menschlichem Verstand fassen, weil – so manche Prognosen – in naher Zukunft Systeme Künstlicher Intelligenz die menschlichen Fähigkeiten bei Weitem übertreffen werden.[24] Was die Bewertung dieser weitgehend anerkannten Annahme zur weiteren Entwicklung von KI anbelangt, so polarisiert diese in extremem Maße. Während die einen damit technizistische Erlösungshoffnungen verbinden, sehen die anderen die Menschheit in apokalyptische Untergangsszenarien gefangen. Zwischen diesen beiden Polen scheint es nur wenig zu geben.

Auffällig ist die religiöse Konnotation, die die Bewertung von KI aufweist – eine Zukunft mit KI wird als „Segen" oder „Fluch" empfunden, als „Erlösung" oder aber als „Untergang".[25] Eine theologische Reflexion dieses Phänomens liegt auf der Hand mit besonderem Fokus auf die Frage, wie Menschen sich selbst wahrnehmen und in der Folge verhalten, wenn sie mit KI konfrontiert sind.

3. Techno-Religionen – religionspädagogische Deutungen

Augenscheinlich wird die individuelle Selbstwahrnehmung im Angesicht von KI durch menschliche Projektionen und Suggestionen konstituiert. In vergleichender Perspektive machen wir uns ein Bild von uns – von menschlichen Fähigkeiten, Stärken, Technologie gestützt hinzugewonnenen Fähigkeiten, vor allem aber Schwächen.[26] Dabei schneiden wir in unserer Selbstwahrnehmung schlechter ab, wenn es darum geht, die im gemeinsamen Referenzsystem gebotenen Funktionen zu erfüllen: Wir sind „nur" Menschen, die begrenzte Kapazitäten der Datenverarbeitung aufweisen, die müde werden, altern, einen anfälligen Körper haben und ablenkbar sind. Nicht selten ereignen sich Abwertungsprozesse in der Selbstwahrnehmung im Gegenüber zur vermeintlich perfekten Technologie. Dabei ist es interessant, dass dieser Eindruck über die betreffende Situation hinaus prägend ist. Die überlegene KI würde (noch) an jeder anderen Aufgabe scheitern, die der Mensch ohne weiteres zu leisten imstande ist. Das Bewusstsein für diesen Umstand scheint jedoch zu schwinden, gemeinsam mit einem positiven Selbstbewusstsein.[27] Weiter gilt es zu bedenken, dass der individuellen Selbstwahrnehmung und dem korrespondierenden Verhalten über die normierende Kraft des Faktischen durchaus konstitutive

Bedeutung zukommen, nämlich wenn viele Menschen zu einem Urteil der beschriebenen Art kommen und sich entsprechend verhalten. Irgendwann wird so schleichend aus faktischem, als „normal" eingestuftem Verhalten eine Norm. Defizitorientierte Selbstbilder werden dadurch kontinuierlich über gemeinschaftlich vertretene Haltungen und Wertungen verstärkt. Zuletzt erfährt die beschriebene Tendenz durch die Technologie selbst beständige Verstärkung. So stellt etwa das sogenannte „Deep Learning" oder auch „Machine Learning" eine spezifische Form Künstlicher Intelligenz dar. Deep Learning, auch als „starke KI" bezeichnet, löst Probleme durch die Analyse von unvorstellbaren Mengen an Daten und beständige schematische Trial-Error Lernprozesse. Mit dieser Taktik konnte KI auch einen Menschen in dem komplexen Spiel „Go" besiegen. Statt einer festgelegten Programmierung zu folgen, optimieren sich starke KIs permanent und selbstständig, indem sie auf Basis vorgegebener (Big) Data Sets ununterbrochen trainieren und lernen.[28] Unter die dabei verwendeten Datenmengen fallen unter anderem Verhaltensmuster, wie Menschen sie gegenüber künstlicher Intelligenz an den Tag legen. In Form digitaler Spuren manifestieren wir das Gefühl menschlicher Unterlegenheit (oder eben das von Überlegenheit) – und hinterlegen dieses Muster als Lerngegenstand für starke KIs.[29] Die Folge ist eine dynamische, doppelte Verstärkung des Gefühls von Unter- bzw. Überlegenheit.

Das Phänomen einer komplementären Bezogenheit des Menschenbildes auf technische Innovation der jeweiligen Gegenwart ist übrigens aus der Geschichte durchaus bekannt und kein Proprium digitaler Gegenwartstechnologien. Ein Blick in die Medizingeschichte zeigt:[30] Im 18. Jahrhundert wurde der Mensch in Analogie zur mechanischen Maschine interpretiert, im 19. Jahrhundert als hydraulisches System, im 20. Jahrhundert als kybernetische Maschine und heute sieht man im Menschen ein Zusammenspiel komplexer Faktoren (bestehend aus Genetik, Epigenetik, chemische Prozesse u.v.m.), durchaus in Analogie zu digitalen Netzwerksystemen. Eine interessante Beobachtung ist in diesem Kontext, dass die Anpassung von Menschenbild und Maschine reziprok ist. So ist die technologisch nicht zu begründende leibliche Verkörperung von KI in Form von humanoiden Robotern oder Maschinen mit menschenähnlichen Extremitäten, Gesichtern, Mimik oder Gestik bzw. mit Namen und eigenen nationalen Identitäten als Ausdruck einer anthropozentrischen Ideologie zu interpretieren.[31] Und weiter ist diese als ein Hinweis darauf zu deuten, dass sich in diesem Paradigma wechselseitiger, komplementärer Bezogenheit spezifische identitätsbildende Prozesse ereignen.

Bislang ist jedoch ungeklärt, inwiefern die als „auffällig" bezeichneten religiösen Konnotationen als Hinweis auf religiöse Valenzen in den skizzierten Prozessen zu deuten sind und welche Erklärungen sich hierfür finden lassen.

4. KI Götterdämmerung – religionspädagogische Erklärungsversuche

Individuelle Selbstbilder kann man mit dem Sozialpsychologen Heiner Keupp als stets offenen, lebenslangen „Passungsprozess" verstehen,[32] bei dem vergangene, gegenwärtige und zukunftsbezogene Selbsterfahrungen unter verschiedenen Identitätsperspektiven zusammengefasst sind. Dieser Prozess hält durchaus Widersprüche und Spannungen aus und ereignet sich im dynamischen Gleichgewicht von Identität und Sozialität. Nach Keupp weist der Konstruktionsprozess drei relevante Größen auf: Selbsterfahrungen, die Perspektive anderer sowie ein individuelles Identitätsgefühl, das im weitesten Sinne als Bewertungsinstanz interpretiert werden kann. Die jeweiligen Konstruktionsbeiträge der genannten Größen vereint das Individuum schließlich in einer Kernnarration, die Kohärenz stiftet und das Individuum nach innen sowie außen repräsentiert und verständlich macht und nach Anerkennung in Balance mit Autonomiestreben sucht.

Aus religionspädagogischer Sicht und im Kontext der vorliegenden Fragestellung ist nun die folgende Beobachtung bedeutsam: Die Selbsterfahrung eines Individuums weist zwei Aspekte auf, nämlich zum einen situative bzw. überdauernde Selbsterfahrungen und zum anderen „*hypothetische* Selbsterfahrungen", in die auch Wünsche und Ängste einfließen. Das Oxymoron einer *hypothetischen Erfahrung* beschreibt die Alleinstellungsmerkmale dieser identitätsstiftenden Instanz recht passend, denn hier manifestieren sich vor allem Wünsche und Ängste in Form von Projektionen. Naheliegenderweise eignet sich als Zielort solcher Projektionen weniger ein menschliches Gegenüber und an seiner statt in besonderer Weise Gott. In religionskritischer Perspektive fühlen wir uns hier sofort an Ludwig Feuerbach erinnert, der in den Projektionen menschlicher Wünsche auf ein *ultimates* Gegenüber, also „Gott", einen reinen Selbstausdruck des endlichen Menschen sah, noch dazu mit Negativwirkung für diesen, weil er sich in Wunschprojektionen und Sehnsüchten verlöre. In religionspädagogischer Perspektive wissen wir allerdings um die konstruktiv-konstitutive Funktion des Gottesgedankens für eine gebildete Identität. Der Gottesgedanke bietet quasi ein Modell für gelingende Identität.

Insofern muss man Feuerbach recht geben, dass in der Vorstellung von Gott es der Mensch immer auch mit sich selbst zu tun hat, aber nicht so, dass der Gottesgedanke nur ein Abzugsbild des

Menschen sei. Im Gegenteil: Didaktisch gesehen liegen in der Vorstellung von Gott und seinen klassischen Attributen Anregungen zu neuer Selbstwahrnehmung und Selbstinterpretation, die sich eben gerade nicht in Wunschprojektionen und Schreckensvisionen („Fluch" oder „Segen") erschöpft. Die Wunschprojektionen sind keine reine Spiegelung, sondern vielmehr Impulse, die Reflexions- und Entwicklungspotentiale ansprechen. Der Gedanke an Gott hilft nämlich, abstrakte Selbstbezüglichkeit aufzugeben und das eigene verengte Referenzsystem zu revidieren. Man könnte dies vielleicht als kritisch-konstruktive Selbstentfremdung bezeichnen.

Augenscheinlich spielen also nicht nur realitätsbezogene Selbsterfahrungen eine Rolle für die Konstruktion von Identität, sondern auch die Reflexion hypothetischer Möglichkeiten und Wünsche, die man, wie eben skizziert, auch als genuin religiöse Selbsterfahrungen bezeichnen könnte.

Nun ist die hypothetische Annahme eines transzendenten, ultimaten Gegenübers mit den Eigenschaften der Omnipotenz, Omnipräsenz und Omniszienz allerdings mitnichten exklusiv der Vorstellung eines christlich konnotierten Gottesbildes vorbehalten. Gerade eine unkritische Technikgläubigkeit reproduziert solche pseudoreligiösen Fantasien. Das eingangs ausgeführte Beispiel zeigt: Systeme künstlicher Intelligenz können in der individuellen Wahrnehmung zum funktionalen Äquivalent des Gottesgedankens werden. Und wie eingangs skizzierte Beispiele belegen, geschieht das an diversen Orten unserer Einzelexistenz und unseres Gesellschaftssystems.

Offen ist hingegen noch, worin sich ein christliches Gottesbild und sein funktionales Äquivalent, wie es sich in der Künstlichen Intelligenz findet, unterscheidet, was dies für die Selbstwahrnehmung und (religiöse) Bildungsprozesse bedeutet, aber auch, welche Schlüsse sich für Kirche und Theologie daraus ergeben. Die jüdisch-christliche Tradition ist voll von Erzählungen, die vor menschlicher Hybris und Omnipotenzfantasien warnen. Man denke nur an die Erzählung vom legendären Turmbau zu Babel oder an die jüdischen Fabeln vom Golem, den man vielleicht als Vorläufer eines aus Algorithmen geborenen Hominiden verstehen könnte.

5. Religionspädagogische Schlussfolgerungen – von neuen Ufern und alten Aufgaben

Wie könnte nun eine Bilanz zu obenstehenden Befunden, Deutungen und Erklärungen aussehen? Und welche Schlussfolgerungen lassen sich daraus für die Kirche und die weitere christliche Gemeinschaft ableiten?

Zunächst ist sicherlich mit einer gewissen Gelassenheit (vielleicht sogar etwas Genugtuung) festzustellen: Die religiöse Aufladung bei der Wahrnehmung von und beim Umgang mit modernen Technologien ist in vielerlei Hinsicht als Wiederkehr von Verdrängtem zu sehen, oder in der eigenen Symbolsprache: als alter Wein in neuen Schläuchen. Positiv darf man daraus ableiten, dass Gott zwar vordergründig aus unserer Gesellschaft verschwindet, bei einem näheren Hinsehen jedoch deutlich wird, dass Religion und religiöse Weltdeutungen durchaus noch eine Rolle für Individuum und Gemeinschaft spielen.[33] Diese Feststellung darf jedoch nicht über die fundamentalen Unterschiede einer digitalen Religion im Vergleich zur christlichen hinwegtäuschen. Exemplarisch sei auf einige wenige Aspekte verwiesen, die insbesondere auf anthropologische Fragen rekurrieren, auf welche im vorliegenden Text ja besonderes Augenmerk gelegt ist.

So ist zunächst festzuhalten, dass Techno-Religionen von verabsolutierenden und dabei radikal objektivierenden Teleologien geprägt sind. In der Interaktion (wie oben skizziert) ist dem Prozess selbst eine klar definier- und wahrnehmbare Zielvorgabe eingeschrieben, die zumindest vom technologischen System in Perfektion realisiert wird. Dem Menschen bleibt demgegenüber nur ein „Bestmöglich", dem immer der Makel des chronisch Defizitären, des im Vergleich Scheiterns anhaftet. Nun kann man zu Recht bemerken, dass auch die jüdisch geprägte christliche Religion eine mit der Gottebenbildlichkeit eingeschriebene Ermöglichungskultur repräsentiert, die durchaus den Anspruch erhebt, ihrerseits teleologisch ausgerichtet zur permanenten Selbstoptimierung aufzurufen – sei es im Kontext eschatologischer oder anthropologischer Bestimmungen. Sie tut dies jedoch mit einem entscheidenden Unterschied: Die jüdisch-christlich motivierte Teleologie nimmt ihren Ausgangspunkt beim Potenzial des Menschen (Gottebenbildlichkeit), statt bei seinen Defiziten. Beide Bestimmungen des Menschen sind für ihn konstitutiv vorgesehen (simul iustus et peccator) als eingeschriebenes Recht zu scheitern, wie es Trutz Rendtorff[34] einmal sinngemäß für jede ethische Kultur gefordert hat. Theologisch steht hier natürlich die Idee von Rechtfertigung Pate, die Scheitern, Schwäche und Fehler als konstituierendes Merkmal und Proprium des Menschseins vorsieht, aus dem sich maßgeblich die Beziehung zu Gott speist. Implizit ist mit der theologischen Bestimmung des Menschen also durchaus ein normatives Prinzip implementiert, nämlich die bleibende Differenz zwischen „dem Selbst" und „dem Anderen". Das Fremde kann und soll nicht erreicht oder vereinnahmt werden, sondern in seiner Andersartigkeit und Unverfügbarkeit Impulse für die Selbst- und Weltwahrnehmung als kontinuierliche Aufgabe bieten. Der Gottesgedanke kann insofern in aktuelle Situationen, wie sie oben skizziert sind, auf verschiedene Art konstruktiv eingebracht

werden: Zum einen kann er in diagnostisch-aufklärerischer Funktion, quasi als Blaupause, aufzeigen, wo gottähnliche Vorstellungen sich in neuen (hier technologischen) Zusammenhängen konstituieren. Zum anderen kann man mit der christlichen Gottesvorstellung in vergleichender Perspektive durchaus kritisch und konstruktiv fragen, welche möglicherweise paradigmatischen Verschiebungen „neue Gottheiten" für das Individuum und seine Lebenszusammenhänge mit sich bringen.

So propagiert die christliche Selbst- und Weltwahrnehmung in besonderer Weise Verantwortung für die Schöpfung. Die mitunter vorfindlbare Tendenz, die persönliche Verantwortung in technische Möglichkeitsräume zu verschieben[35], in der irrigen Annahme, der Mensch sei omnipotent, stünden ihm nur die rechten Mittel zur Verfügung, erfährt in christlich-anthropologischer Perspektive eine kritische Revision. Traditionell besagt der Gedanke der Gottesebenbildlichkeit nämlich, dass der Mensch zum Mitschöpfer, zum cooperator dei, werden soll. Durch ihn soll – im Sinn einer creatio continua – das Werk des Schöpfergottes bewahrt und weiterentwickelt werden. Daraus ergibt sich eine hohe ethische Verantwortung für alle, die technische Intelligenzen entwickeln oder anwenden. Auf der anderen Seite ist damit eine Verteufelung des technologischen Fortschritts oder eine religiös motivierte Maschinenstürmerei ausgeschlossen. Technische Intelligenz darf durchaus auch den Anspruch erheben, Element einer Weiterschöpfung zu sein. Aber dann muss sie sich auch den Kriterien unterstellen, die im Gedanken der Gottesebenbildlichkeit und der Schöpfungsverantwortung liegen.

Wenn also eine religiöse Gemeinschaft, Institution oder auch eine einzelne Theologin nach religiösen Valenzen in Wahrnehmung von und Umgang mit modernen Technologien fragt, ist dies mitnichten als opportunistischer Exodus zu verstehen. Ebenso wenig erschöpft sich ein solcher Fokus in einer Suche nach neuen Vermittlungswegen. Vielmehr kann man die Frage nach einer technizistischen Ersetzung des Gottesgedankens als Schlüsselaspekt einer lebendigen Theologie verstehen, die die urchristliche Idee kritischer Selbst- und Weltreflexion zeitgemäß wachhält.

Das Video vom Vortrag im Rahmen
des Kongresses „Was und wie, wenn ohne Gott":

An Dich

Du hast mich gemacht,
du kannst mich zerstören.
Du hast mich aufgemacht,
du kannst mich wieder schließen.
Es gibt nichts zu murren,
nicht, dass du das meinst.
Lass nur den Weg mich, der noch bleibt,
an deiner Hand zu Ende gehen.

Uwe Kolbe

Von der Güte und stillen Macht Gottes – jenseits seiner Ohnmacht und Übermacht
Holger Zaborowski

1. Religion und Gott in Moderne und Spätmoderne

„Die Religionen", so der Kulturphilosoph Henning Ritter, „scheinen sich von der Begegnung mit der modernen Welt als Erste zu erholen. Im vergangenen Jahrhundert hielt man sie schon für entkräftet, weil man meinte, sie mit einem ‚Gott ist tot' erledigt zu haben. Heute revitalisieren sich die Religionen nicht nur geistig, sondern durch Ritualisierung des Alltagslebens, wie der Islam."[36] Die von Ritter diagnostizierte „Revitalisierung" der Religionen nach dem Tode Gottes scheint es tatsächlich – auch über den Islam hinaus – zu geben. Mit gewisser Regelmäßigkeit wird seit dem Anfang des neuen Jahrtausends eine „Wiederkehr" oder eine „Renaissance" der Religion festgestellt. Diese Diagnose wird manchmal an den Terroranschlägen des 11. September 2001, an Jürgen Habermas' wenige Monate später gehaltenen Rede „Glauben und Wissen", seiner Dankesrede zur Verleihung des Friedenspreises des deutschen Buchhandels,[37] an einem neuen medialen und politischen Interesse an Fragen der Religion nach dem Zusammenbruch des real existierenden atheistischen Sozialismus oder auch an der zunehmenden Bedeutung des Islam im Westen festgemacht.[38] Auch im säkularen Westen scheint Religion – noch oder wieder – von gesellschaftlicher, politischer, kultureller und auch individueller Bedeutung zu sein. Man spricht in diesem Zusammenhang sogar von dem Beginn eines „post-säkularen" Zeitalters.[39]

Eine lange Zeit dominante Lesart des Säkularisierungsparadigmas – dass nämlich Religion im Zuge der Modernisierung an Bedeutung verlieren werde und bestenfalls im privaten Bereich noch eine gewisse Relevanz beanspruchen könne – erscheint unter diesen Vorzeichen als fragwürdig, vor allem wenn man den Blick nicht nur auf institutionalisierte Formen von Religion wirft, die sich ohne Zweifel gegenwärtig in manifesten Geltungskrisen befinden, sondern den oft diffusen Bereich des „Religiösen", „Spirituellen" oder „Krypto-Religiösen" mit einbezieht. In globaler Perspektive könnte sich überdies zeigen, dass Religion im Grunde nie fort gewesen ist und dass – wider die Prognosen der marxistischen, positivistischen oder psychoanalytischen Religionskritik des 19. Jahrhunderts, aber auch in Spannung zu dem in Teilen Mittel- und Ostdeutschlands oder in Tschechien wahrnehmbaren Phänomen religiöser Indifferenz – eigentlich nicht von einer Wiederkehr, sondern von einer bleibenden Bedeutung von Religion und zugleich von einer zunehmenden Ausdifferenzierung und Pluralisierung religiöser Phänomene zu sprechen wäre.

Für Ritters These spricht also vieles – vor allem, wenn man sie unter jener funktionalistischen Perspektive liest, die das Werk seines Vaters, des Philosophen Joachim Ritter, maßgeblich geprägt hat.[40] Denn auch in der aufgeklärten Moderne zeigt sich – trotz der in der Moderne entfalteten Religionskritik und der Krise institutionalisierter Formen von Religion – die Religion im individuellen Alltagsleben wie auch in gesellschaftlichen und politischen Diskursen bedeutsam, weil sie immer noch Funktionen erfüllt, die auch in der modernen Gesellschaft nicht an Funktionsäquivalente übertragen werden können. In der gegenwärtigen Corona-Krise fragen beispielsweise auch ansonsten religions- oder kirchenferne Intellektuelle nach der Stimme der

christlichen Kirchen in dieser Krise und nach ihrer „Systemrelevanz". Insbesondere in Katastrophen bieten die traditionellen Religionen die rituelle Kompetenz im Umgang mit Leid, Trauer und der Frage nach dem Sinn des menschlichen Lebens.
Ritters Schüler Hermann Lübbe hat sich daher in zahlreichen Studien der „Religion nach der Aufklärung" – verstanden in einem doppelten Sinne: zum einen zeitlich nach der Aufklärung und zum anderen gemäß der Aufklärung – gewidmet und mit überzeugenden Argumenten und detaillierten Einzelbeobachtungen dargelegt, dass nur die Religion die nach wie vor unverzichtbare Aufgabe der Kontingenzbewältigung erfolgreich meistern könne.[41] Der Kulturprotestant Lübbe hat dabei angesichts der Kritik einer Reduktion von Religion auf ihre Funktionen darauf geachtet, Religion nicht auf ihre Leistungen zu reduzieren, sondern ihr auch eine nur aus der Innenperspektive des gläubigen Menschen zugängliche Eigendimension zuzusprechen, die sich einer von außen an das Phänomen Religion herantretenden religionssoziologischen oder religionsphilosophischen Perspektive entzieht.[42]
Lübbes engagierte Apologie der Religion war nicht der einzige Versuch einer Verteidigung der Religion nach der Aufklärung. Gerade in jüngerer Vergangenheit hat es Apologien der Religion gegeben, die teils die klassische Religionskritik invertieren. Hatte diese – in der Gestalt von Feuerbach, Marx, Nietzsche oder Freud – vor dem Hintergrund einer funktionalistischen Interpretation von Religion diese radikal kritisiert, so schienen sich Ende des 20. und zu Beginn des 21. Jahrhunderts einige Gebildete unter den Verächtern der Religion eines anderen zu besinnen: Sie entdeckten Religion wieder, und zwar nicht aufgrund ihres Wahrheitsanspruches, sondern als, wenn auch nicht im strengen Sinne unverzichtbare so doch sinnvolle Ergänzung

des spätmodernen Bewusstseins und Lebens. Beispielsweise hat Alain de Botton die Bedeutung von Religion für Atheisten herausgestellt[43] und der marxistisch-katholische Kulturkritiker Terry Eagleton über den Zusammenhang der von ihm diagnostizierten Krise der Kultur mit der These vom Tod Gottes nachgedacht.[44]

Zu Beginn des 21. Jahrhunderts scheint es also wieder möglich zu sein, religiös zu sein – sogar dann, wenn man nicht an Gott glaubt. An die Stelle eines Nachdenkens über Gott ist oft sogar die ausschließliche Interpretation von Religion als eines individuellen, gesellschaftlichen oder politischen Phänomens mit bestimmten positiven oder negativen Funktionen getreten. Religion scheint zurückgekehrt zu sein – zumindest gemäß bestimmter Stimmen der öffentlichen Wahrnehmung –, weil sich Religion selbst als funktional sinnvoll zeigt. Was aber ist mit Gott? Verdrängt nicht manchmal sogar der Fokus auf Religion, Religiosität oder den religiösen Glauben die Gottesfrage? Es gibt zwar aus durchaus überraschenden Perspektiven einige neue Zugänge zur Frage nach Gott, so etwa der Versuch, Gott zu denken, von Holm Tetens,[45] der sich lange als Atheist verstanden hatte, oder Jörg Phil Friedrichs Unterfangen, als Agnostiker die Plausibilität des Glaubens an Gott aufzuzeigen.[46]

Doch stellen sich weiterhin Anfragen an den Glauben an Gott – gerade wenn man einen christlich geprägten Gottesbegriff voraussetzt und Gott als den Menschen liebend oder die Liebe selbst versteht. Denn es werden auch Zweifel an der Existenz dieses Gottes artikuliert. Zum einen artikuliert sich dieser Zweifel angesichts der Erfahrungen seiner Ohnmacht, zum anderen angesichts der Erfahrungen dessen, was man die „Übermacht" Gottes nennen kann. Diese beiden unterschiedlichen Erfahrungen sollen im Folgenden betrachtet werden, um abschließend

Fragen zu formulieren, die sich gerade dann ergeben, wenn man die Erfahrungen mit der Ohnmacht und der Übermacht Gottes ernst nimmt, und die auf eine Möglichkeit, anders von Gott zu sprechen und an ihn zu glauben verweisen. Von Bedeutung sind diese Überlegungen angesichts der viel beschworenen Wiederkehr von Religion auch aus dem Grund, dass ein Zugang zur Religion, der nicht zugleich auch die Gottesfrage stellt, ganz zu schweigen von einer Religion ohne Gott, in der Gefahr steht, Religion den Interessen von Menschen unterzuordnen und für nicht-religiöse politische, gesellschaftliche oder kulturelle Zwecke zu gebrauchen und möglicherweise auch zu missbrauchen. Da die jüngere „Revitalisierung" von Religion nicht selten unter einem solchen menschlich, allzu menschlichen Vorzeichen steht, zeigt sich die Gottesfrage als Anfrage an jede vorschnelle Beschwörung eines post-säkularen Zeitalters.

2. Erfahrungen der Ohnmacht Gottes

Derzeit wütet weltweit noch die Corona-Pandemie. Jeden Tag wird über diese globale Krise, die Zahl der Infizierten und Toten oder ihre Auswirkungen auf Gesellschaft und Politik berichtet. Diese Ereignisse werden nicht mehr primär theologisch oder religiös interpretiert. Zunächst sind Fachleute aus der Virologie, der Epidemiologie und überhaupt der Medizin und der Pflege gefragt, dann Praktiker aus Politik und Gesellschaft oder die deutenden Stimmen aus Soziologie, Ökonomie oder Politikwissenschaft. Auch wenn es abweichende Stimmen gibt, so ist sich eine breite Mehrheit religiöser Autoritäten und theologischer Fachleute einig, und zwar über Konfessions- und Religionsgrenzen hinweg, dass die Corona-Pandemie nicht als Strafe Gottes gedeutet werden dürfe. Gott verursacht nichts Negatives, um Menschen zu bestrafen. Wenn angesichts der Pandemie religiöse Fragen eine Rolle spielen, dann auf anderen Ebenen. So stellen sich auf diesen Ebenen die Fragen nach der seelsorglichen Begleitung von leidenden, sterbenden oder trauernden Menschen, nach der prinzipiellen Deutung menschlicher Existenz und ihres Sinns oder auch nach der flankierenden Verteidigung wissenschaftlicher Rationalität und der Kritik von Verschwörungslegenden und ihren oft sektenhaften, die Freiheit des Menschen und das Gemeinwohl beschränkenden Ausprägungen.[47]

Allerdings lässt sich die religiöse und theologische Frage, warum Gott das Leid zulasse oder warum es in einer Schöpfung, die selbst immer wieder als gut bezeichnet wird und von einem allgütigen, allmächtigen und allwissenden Gott geschaffen worden sei, nicht so einfach abweisen, wie es gelegentlich geschieht. Das Leid – gerade auch das Leid unschuldiger Menschen – ist insbesondere in der Neuzeit zu einem Stachel für den Glauben an Gott geworden. Wenn Gott schon das Leid nicht aktiv verursacht, warum lässt er es dann zu oder hat es nicht verhindert? Warum ist die Welt so beschaffen, dass es in ihr überhaupt Leid oder Krankheiten gibt? Warum kann der Mensch – immerhin nach biblischem Verständnis das unter allen Geschöpfen besonders ausgezeichnete Geschöpf – anderen Menschen zum ärgsten Feind werden?

Die optimistische Antwort auf diese Fragen, die G. W. Leibniz in seiner berühmten Theodizee gegeben hat, dass nämlich Gott die beste aller möglichen Welten geschaffen habe, erschien schon manchen seiner Zeitgenossen naiv, wenn nicht zynisch.[48] Voltaire hat sich im Candide über dieses Kalkül lustig gemacht. Candide wurde von seinem Hauslehrer Pangloss, einem engagierten Verteidiger der These einer prästabilierten Harmonie, unterrichtet. Dabei erfuhr Candide in stark elementarisierter

und polemisch zugespitzter Form die Quintessenz der Leibniz-schen Verteidigung Gottes: „Denn da alles zu einem Zweck erschaffen worden ist, dient alles notwendigerweise dem besten Zweck. Schaut euch nur um, und ihr findet Beispiele zuhauf. Nasen etwa wurden gemacht, dass man Brillen drauf setze; und – wir tragen Brillen. […] Wer folglich behauptet: *Alles ist gut*, redet dummes Zeug; es muss heißen: *Alles ist zum Besten*."[49]
Leibniz' Versuch, mit den Mitteln der aufgeklärten Philosophie Gottes Existenz und seine Güte angesichts des Übels in der Welt zu verteidigen, kann angesichts konkreter Leiderfahrungen nur scheitern. Was in der Theorie schön klingen mag, stößt angesichts des Lebens in seiner Abgründigkeit schnell an Grenzen. Auch in theoretischer Perspektive stellen sich prinzipielle Anfragen an den Versuch von Leibniz, die Güte Gottes, die Freiheit des Menschen und den Ursprung des Bösen zu beweisen. Immanuel Kant sollte Ende des 18. Jahrhunderts „Über das Mißlingen aller philosophischen Versuche in der Theodizee" nachdenken.[50] Manchmal, so zeigt sich, ist es besser, bestimmte Fragen offenzuhalten, als sie ein für alle Mal beantworten zu wollen. Nichtsdestotrotz fanden der Optimismus der Aufklärung und der mit ihm eng verbundene Versuch einer Rechtfertigung Gottes auch nach Kant noch eine Fortsetzung – nämlich in den Versuchen einer geschichtsphilosophischen Rechtfertigung Gottes, wie sie am wirkmächtigsten G. W. F. Hegel vorgelegt hat (und wie sie in popularisierter Form zumindest in Ansätzen noch das spätmoderne Bewusstsein charakterisiert). Erst im weiteren Verlauf des 19. Jahrhunderts zeigte sich in einer Abkehr von idealistischen Spekulationen und einer Hinwendung zur konkreten Geschichte und zu den Erfahrungen faktischer Existenz dieser Optimismus mehr und mehr als problematisch, um dann in den Schlachten der beiden Weltkriege und der abgründigen

Unmenschlichkeit der Shoah radikal erschüttert zu werden.
Nun stellte sich vor dem Hintergrund der Religionskritik des 19. Jahrhunderts mit verschärfter Dringlichkeit weniger die Frage nach der Rechtfertigung Gottes angesichts des Bösen in der Welt, sondern vielmehr die grundsätzlichere Frage nach der Existenz Gottes. Unmittelbar nach dem Zweiten Weltkrieg hat der junge, bereits sterbenskranke Dichter Wolfgang Bochert in seinem Drama „Draußen vor der Tür". dieser Anklage Gottes – der Suche nach einem verschwundenen Gott – einen heute noch beklemmenden Ausdruck verliehen: „Wo bist du, Anderer? Du bist doch sonst immer da! Wo bist du jetzt, Jasager? Jetzt antworte mir! Jetzt brauche ich dich, Antworter! Wo bist du denn? Du bist ja plötzlich nicht mehr da! Wo bist du, Antwor-

tender, wo bist du, der mir den Tod nicht gönnte! Wo ist denn der alte Mann, der sich Gott nennt? Warum redet er denn nicht! Gebt doch Antwort! Warum schweigt ihr denn? Warum? Gibt denn keiner Antwort? Gibt keiner Antwort? Gibt denn keiner, keiner Antwort???"[51]

Die Fragen, die der Kriegsheimkehrer Beckmann Gott gegenüber hinausschreit, verhallen im Nichts. Niemand antwortet ihm – erst recht nicht der Gott, den er ansonsten – also in friedlichen und weniger existenzbedrohenden Zeiten – als „Antworter" und „Jasager" erfahren hat. Gott wird im Schatten der historischen Ereignisse des 20. Jahrhunderts nicht nur von Borchert, sondern wird von vielen Menschen als ohnmächtig, als ein kraftloser „alter Mann" erfahren, der das Versprechen, das mit der Rede von ihm verbunden ist, nicht einhält. Ob Gott existiert oder nicht, spielt angesichts der Erfahrung seiner Ohnmacht keine Rolle mehr. Zumindest scheint kein Gott zu existieren, der sich für den Menschen einsetzten könnte und wollte. Vielleicht, so mögen manche Menschen noch denken, gibt es einen Gott, der die Welt geschaffen hat, der aber gleichgültig dem Menschen gegenüber ist. Vielleicht ist Gott auch ein ohnmächtiger Gott, der, wie der Philosoph Hans Jonas spekulierte, freiwillig auf seine Allmacht verzichtet hat.[52] Aber das wäre ein Gott, der für die religiöse Praxis nur eine eingeschränkte Bedeutung haben könnte. Denn ihm würde mit der Macht eine wesentliche Eigenschaft Gottes fehlen. Konsequenter wäre dann der radikalere Schritt zu einem praktischen Atheismus, d. h. zu einer Lebenshaltung, für die Gott oder auch die Frage nach Gott keine Rolle mehr spielt.

3. Erfahrungen der Übermacht Gottes

Neben den oft schmerzhaften Erfahrungen der Ohnmacht Gottes gibt es nicht selten ebenfalls äußerst schmerzhafte Erfahrungen dessen, was man die „Übermacht" Gottes nennen kann (und was nicht mit der Rede von einer göttlichen Allmacht, also einer Macht Gottes, die über jede innerweltliche Macht herausreicht, zu verwechseln ist). Während die Ohnmacht auf einen Mangel an Macht verweist, bezieht sich die „Übermacht" auf ein Zuviel an Macht, auf eine übergriffige Mächtigkeit Gottes, die zu Gewalt gegen den Menschen führt. Man erfährt dann einen Gott, der sich nicht nur um das Heil des Menschen nicht zu kümmern scheint, sondern der als ein menschen- und lebensfeindlicher Gott sogar gegen den Menschen zu agieren scheint. Der Mensch muss sich angesichts dieser Übermacht dem Willen Gottes unterwerfen. Er kann dabei auch zu einem Werkzeug des Willens Gottes werden oder sich selbst mehr oder weniger bereitwillig zu einem Instrument dieses Willens machen, auch wenn dies voraussetzen sollte, dass er sich selbst oder anderen Menschen gegenüber Gewalt antut.

In der Geschichte der Religionen finden sich bis heute zahlreiche Beispiele für Gewalt im Namen Gottes. Manchmal geht es dabei ausschließlich oder vornehmlich um die Durchsetzung – freilich problematischer – religiöser Interessen. Nicht selten geht Gewalt im Namen Gottes auch auf rein politische, gesellschaftliche oder private Interessen zurück, denen ein äußerlich religiöses Gewand gegeben wird. Mit rechtfertigendem Blick auf Gott ist in Geschichte und Gegenwart Menschen so viel Unheil geschehen, dass sich manchmal – nicht nur für die unmittelbar betroffenen Menschen, sondern auch für Menschen, die über den Zusammenhang von Gottesglauben und Gewalt nachdenken – die Frage stellt, ob es überhaupt noch möglich ist, an Gott zu glauben. Widerspricht die Gewalt im Namen Gottes nicht dem Glauben an die Existenz Gottes – nicht auf einer streng logischen, aber auf einer existenziellen Ebene?

Es gibt, wie der Psychoanalytiker Tilmann Moser mit Blick auf seine eigenen Erfahrungen herausgearbeitet hat, das verbreitete Phänomen einer „Gottesvergiftung", die, sobald sie einmal diagnostiziert ist, zu einer Entgiftung – zu einem „Gottesentzug" – führen müsste. An die Adresse Gottes gerichtet stellt er fest: „[...] du warst von erdrückender, rücksichtslos, grausam und hinterhältig eingesetzter Überlegenheit, und meine kindliche Schwäche und Wehrlosigkeit haben dich gar nicht geniert, im Gegenteil, du gedeihst ja nur, solange man wehrlos ist."[53] Gott sei für ihn, so Moser resümierend, „eine solche Enttäuschung, ein solcher Betrug in meinem Leben" gewesen, „daß ich, als ich ganz allmählich und unter Qualen dahinterkam, dich links liegen ließ."[54] Die Erfahrung einer Vergiftung durch den Glauben an Gott – genauer: durch eine bestimmte Form dieses Glaubens – teilt Moser mit vielen anderen Menschen, die nie die Menschenfreundlichkeit Gottes erfahren haben oder erfahren konnten, sondern für die Gott eine „schwer heilbare Krankheit" darstellt.[55] „Für viele *meiner* Generation bist du jedenfalls immer noch die Quelle gebrochener Unterwürfigkeit und quälender Selbstzweifel, auch wenn sie es schon gar nicht mehr wissen."[56] Daher teilt er auch mit vielen Menschen die Erfahrung, dass man Gott, um weiterleben zu können, „links liegen" lassen müsse, dass man sich also von Gott befreien und ohne Gott leben müsse.

Auch im Rahmen der Debatte über den Missbrauch in der katholischen Kirche liegen mittlerweile zahlreiche persönliche Zeugnisse vor, die zeigen, wie sehr der Glaube an Gott durch eine erfahrene Übermacht Gottes erschüttert und vergiftet werden kann. Dabei ist es gleichgültig, ob die Gewalt ausdrücklich im Namen Gottes ausgeübt wurde oder ob sie im Kontext des Glaubens an Gott geschehen ist und durch diesen Kontext zumindest

implizit gerechtfertigt wurde. Während es manchen Menschen nach der Erfahrung von spiritueller oder sexualisierter Gewalt im Raum der Kirchen gelingen mag, ihren Glauben an Gott zu bewahren oder einen neuen, anderen Zugang zu Gott zu finden, gibt es viele Menschen, die aufgrund der Erfahrungen der Übermacht Gottes den Glauben an Gott gänzlich verlieren. Das macht gerade die perfide Natur von Missbrauch im Raum der Kirche aus. Manchmal verliert sich ihr Glaube, ohne dass sie dies zunächst bemerken würden. In anderen Fällen lehnen sie sich ausdrücklich gegen Gott auf, weil sie nur ohne Gott und den Glauben an ihn überhaupt weiterleben können. Denn jede religiöse Äußerung oder Bezugnahme auf Gott erinnert sie schmerzhaft an das von ihnen erfahrene Leid. Bei der Auseinandersetzung mit diesen Formen der Gewalt darf man die Schuld der Kirche nicht einfach relativieren, so als ob es sich bei Gewalt im Namen Gottes lediglich um Gewalt handelt, die von einzelnen Menschen ausgeübt wurde. Gerade die spirituelle oder sexualisierte Gewalt im Raum der Kirche ist innerhalb bestimmter Strukturen oder auch theologischer Vorstellungen verortet, die dazu geführt haben, dass Formen der Gewalt überhaupt möglich wurden, dass der Ruf der Kirche auf Kosten der Missbrauchsopfer bewahrt wurde und dass überhaupt so lange und so erfolgreich über die Opfer innerkirchlicher Gewalt geschwiegen wurde.[57]
Nicht nur der Missbrauch von Menschen im Raum der Kirche, sondern auch religiös motivierte Kriege oder Terroranschläge oder die gewalttätige Unheilsgeschichte des Christentums führen zu der prinzipiellen Frage nach dem Zusammenhang von Religion und Gewalt. Den monotheistischen Religionen wird dabei gelegentlich unterstellt, in besonderer Weise religiös begründete Gewalt zu legitimieren.[58] Denn für denjenigen, der an einen einzigen Gott glaube und einen damit verbundenen Wahr-

heitsanspruch erhebe, befänden sich alle Menschen, die nicht an diesen Gott glaubten, im Irrtum und müssten demzufolge um ihres eigenen Heils willen – unter Umständen auch mit Gewalt – bekehrt werden. Von der Behauptung des allein wahren Glaubens und der Zuschreibung eines falschen Glaubens zur Gewaltanwendung scheint es daher oft nur ein kurzer Schritt zu sein. Dagegen scheint der Polytheismus wesentlich friedlicher zu sein, da es ihm einfacher falle, verschiedene Wahrheitsansprüche miteinander zu integrieren, oder da er erst gar nicht den Anspruch auf eine besondere Wahrheit erhebt, die es gegenüber anderen Menschen zu behaupten oder durchzusetzen gelte. Wäre eine polytheistische Weltsicht nicht gegen das oft starrsinnige Beharren auf einen Gott und eine einzige Wahrheit zu „loben" oder sogar wiederzubeleben?[59]

Es ist allerdings fraglich, ob die Unterschiede zwischen mono- und polytheistischen Religionen im Hinblick auf religiös begründete Gewalt tatsächlich so groß sind, wie eine Kritik des Monotheismus oft nahelegt. Denn es gibt nicht nur in polytheistischen Religionen ebenfalls das Phänomen religiös begründeter Gewalt; der Monotheismus, sei es im Judentum, Christentum oder Islam, ist oft auch mit einer ethischen Tiefe und einer prophetischen Radikalität verbunden, die Gewaltanwendung im Namen Gottes ausschließen sollte. Festzustellen bleibt jedoch, dass immer wieder in der Geschichte gerade auch im Namen Gottes Gewalt ausgeübt wurde und wird, dass bis heute eine auf eine Übermacht Gottes zurückgehende Spur menschlichen Leidens die Religionsgeschichte durchzieht, und dass auch diese Leid- und Gewalterfahrungen zu einem praktischen, wenn nicht sogar zu einem theoretischen Atheismus führen können.

4. Erfahrungen der Macht Gottes

Gott wird nicht selten, so hat sich gezeigt, entweder als ohnmächtig oder als übermächtig erfahren. Angesichts des verbreiteten Leidens scheint er zu schweigen. Man spricht von ihm als gütig und nah, erfährt ihn aber allzu oft als gleichgültig und fern. Er verspricht Hilfe, doch zugleich zeigt er sich als ohnmächtig, als unfähig, das Leid des Menschen zu verhindern oder zu beenden. Umgekehrt werden nicht wenige Menschen von einer Übermacht Gottes überwältigt. Sie erfahren Leid nicht trotz Gottes, sondern durch Gott. Sie nehmen ernst, was sie über ihn hören, und werden durch seine gewalttätige Gegenwart enttäuscht, verletzt und oft sogar für den Rest ihres Lebens gebrochen. Manchmal sehen sie sich auch gezwungen, im Namen Gottes Gewalt gegen andere Menschen und auch gegen sich selbst auszuüben. Unter den Vorzeichen dieser Erfahrungen stellt es oft eine Befreiung des Menschen dar, sich von Gott zu lösen, auf den Glauben an ihn zu verzichten oder sogar sich gegen ihn aufzulehnen und Gott anzuklagen – weil er entweder nichts gegen das Leid der Welt tue oder tun könne und sogar verschwunden sei oder weil er selbst Ursache tiefsten Leids sei. Die gegenwärtige Krise des Christentums geht auch auf diese Erfahrungen mit Gott zurück. Weil sie Gott als ohnmächtig oder übermächtig erfahren haben, haben viele Menschen den Glauben an Gott verloren und sind religiös heimatlos geworden. Ihre Schwierigkeiten mit dem Glauben an Gott wurzeln somit auch in einer zutiefst moralischen Auflehnung gegen Gott, der sich entweder um den Menschen und sein Leid nicht kümmern kann oder will oder der dieses Leid selbst verursacht. Es ist wichtig, diese Erfahrungen, die Menschen mit Gott gemacht haben und machen, ernst zu nehmen. Man darf nicht über sie hinweggehen, als handle es sich um Täuschungen, unfromme Einbildungen oder sogar böse Unterstellungen gegenüber gläubigen Menschen oder gegenüber Gott. Diese Erfahrungen der Ohnmacht und der Übermacht Gottes anzuerkennen, ist aber auch mit der Notwendigkeit verbunden, weiter über sie und auch über Gott nachzudenken – gerade im Gespräch mit den Menschen, die unter diesen Erfahrungen gelitten haben und leiden.

Abschließend seien daher einige Fragen formuliert, die es – vielleicht – ermöglichen, jenseits der Erfahrungen der Ohnmacht und der Übermacht Gottes neue Wege zu Gott zu eröffnen. So stellt sich zunächst die Frage, ob die genannten Erfahrungen der Ohnmacht und der Übermacht Gottes tatsächlich Erfahrungen Gottes sind. Sie werden oft so beschrieben oder gedeutet. Doch handelt es sich, wenn man sie genauer betrachtet, um Erfahrungen mit bestimmten, oft sehr wirkmächtigen und weit verbreiteten Gottesbildern, also mit Vorstellungen, die Menschen sich von Gott machen. Erweist sich Gott nicht vor dem Hintergrund eines von Menschen gemachten Gottesbildes – mit entsprechenden genauen Erwartungen an Gott und sein Handeln – als ohnmächtig oder übermächtig? Wissen wir nicht immer schon allzu genau, wer Gott ist und worin sein Wille besteht? So fromm und gottesfürchtig Leibniz persönlich gewesen sein mag, so „unfromm" zeigt sich sein Versuch einer Rechtfertigung Gottes. Denn dieser kann immer nur der Versuch der Rechtfertigung eines bestimmten Bildes sein, das wir Menschen uns von Gott, seinen Eigenschaften und seinem Willen machen. Jedes Bild von Gott stellt aber bestenfalls nur eine Annäherung an Gott dar. Es könnte daher sein, dass wir, weil wir den Gott eines bestimmten Gottesbildes als ohnmächtig erfahren, Gott, der jedes Bild, das wir uns von ihm machen, übersteigt, jede Macht absprechen und daher auch sein Wirken überhaupt nicht mehr wahrnehmen können – oder zumindest nicht die Möglichkeit haben, seine Gegenwart gerade auch im menschlichen Leid wahrzunehmen. Wäre außerdem – gerade auch mit Blick auf die Gewalt, die im Namen Gottes begangen wird – nicht der Mensch der bessere Adressat der Klage und Anklage und weit weniger Gott? Bedürfen wir angesichts menschlichen Leids, das allzu oft von Menschen verursacht wird, nicht einer Anthropodizee, einer Rechtfertigung des Menschen, weitaus häufiger als einer Theodizee?

Man muss angesichts der Abgründigkeit des Leidens diese Möglichkeiten vorsichtig und voller Respekt vor leidenden Menschen und ihren Erfahrungen der Sinnlosigkeit des Leidens formulieren. Doch kann gerade der christliche Glaube, in dessen Zentrum die Hingabe, das Leid und die Auferstehung Jesus Christi steht, ein Glaube sein, der das Leid nicht theoretisch wegerklärt, sondern angesichts seiner als einer unhintergehbaren Wirklichkeit praktisch auf die Hoffnung setzt, dass auch und gerade leidende Menschen Erlösung erfahren werden. Zeigt sich daher in der Erfahrung der Ohnmacht eines bestimmten Gottes, d. h. eines bestimmten Gottesbildes, nicht die Notwendigkeit, neu nach Gott zu fragen – nach jenem fremden und zugleich nahen Gott, dessen Wirklichkeit die Bilder, die wir uns von ihm machen, immer wieder infrage stellt und der gerade, wo er uns fern zu sein scheint, seine Nähe zeigen kann?

In ähnlicher Weise ist zu fragen, ob sich in der religiös begründeten Gewalt, in Terroranschlägen im Namen Gottes oder in der Ausübung von Macht im Raum der Kirche tatsächlich Gott oder nicht vielmehr ein zutiefst problematisches Bild von Gott zeigt, ein Gott etwa, der auf pädagogische, psychologische, gesellschaftliche oder politische Funktionen reduziert und so dem Willen des Menschen unterworfen wird. Ist der Gott, der als übermächtig wahrgenommen wird, nicht ein Gott, der als übermächtig gedeutet wird – und zwar aufgrund von menschlich, allzu menschlichen Interessen? Tilmann Moser hat ausdrücklich auf diese Dimension hinter dem Gott, der ihn vergiftet hat, aufmerksam gemacht: „Aber so viel weiß ich heute: Es ist ungeheuerlich, wenn Eltern zum Zwecke der Erziehung mit dir paktieren, dich zu Hilfe nehmen bei der Einschüchterung wie bei der Vermittlung fiktiver Geborgenheit. Es ist genauso ungeheuerlich, wie wenn dich Herrschende zu Hilfe nehmen bei der Knechtung ihrer Völker."[60] Diese Reihe von Missbräuchen Gottes ließe sich heute – angesichts der aktuellen Debatten über religiösen Terrorismus und die verschiedenen Formen der spirituellen oder sexualisierten Gewalt – noch erweitern. Moser kommt vor dem Hintergrund dieser Ungeheuerlichkeiten zu folgendem Schluss: „Aber deine Geschichte ist ja nichts anderes als die Geschichte deines Mißbrauchs. Du bist ein Geschöpf des Mißbrauchs menschlicher Gefühle."[61] Jedoch ist durchaus offen, ob die Geschichte Gottes tatsächlich „nichts anders als die Geschichte" des menschlichen Missbrauchs Gottes ist (Tilmann Moser hat dies später selbst in einem weiteren Buch anerkannt).[62] Sie ist dies auch, und sogar in erschreckendem Ausmaß. Doch gerade dann ist die Frage nach Gottes Übermacht eine Frage nach der Ungeheuerlichkeit des Menschen, der, wenn er seine Gewalt mit Bezug auf Gott rechtfertigt, nicht nur andere Menschen, sondern, wenn es denn Gott gibt, Gott selbst verletzt.

Vielleicht kann sich jenseits der Übermacht Gottes sogar eine stille Macht Gottes zeigen, die es erlaubt, die moralische Entrüstung über den Missbrauch Gottes zu formulieren. Zeigt diese sich nicht auch bei Moser, der seine Anklage in biblischer Tradition Gott selbst entgegenhält – so, als hoffte er, dass Gott ihm antwortete, die Irrtümer und Verzerrungen ausräumte oder sich gar entschuldigte und ihm zeigte, dass er, der selbst missbrauchte Gott, ganz anders sei als man ihn hat glauben lassen? Erlaubt und verlangt nicht gerade ein Gott, der sich dem Menschen liebend zuwendet, die Entrüstung über den Missbrauch seines Namens? Ähnlich könnte man mit Blick auf die Erfahrung der Ohnmacht Gottes argumentieren. Auch bei Wolfgang Borchert richtet sich die Frage nach Gott nicht an den Menschen, sondern an Gott selbst. Wie Jesus am Kreuz, der Gott fragt, warum er ihn verlassen habe, wendet sich Beckmann in seinem Leid an der Abwesenheit Gottes an Gott selbst. So könnte sich in der Erfahrung der Ohnmacht Gottes, wo sie nicht einfach hingenommen, sondern wo an ihr gelitten wird und gegen sie Gott gegenüber protestiert wird, eine ebenfalls stille Macht Gottes zeigen, die es ermöglicht, dass wir uns entrüsten, dass wir klagen und verzweifeln. Weil diese Macht erfahren wird, und sei es nur im Modus einer trotzigen Hoffnung, dass da doch jemand ist und dass dieser antworten wird, ist es möglich, die Klage gerade Gott gegenüber auszusprechen, auch wenn der Inhalt der Klage die eigene Verzweiflung an Gott zeigt.

Mit diesen Fragen soll der Verzweiflung angesichts der Erfahrungen der Ohnmacht oder der Übermacht Gottes nicht unterstellt werden, dass sie nur sinnvoll sei, wenn es Gott gibt. Es geht hier nicht um eine denkerische Notwendigkeit, sondern um eine existenzielle Möglichkeit. Doch indem man diese Fragen – mehr zunächst einmal nicht – formuliert, nimmt man die Erfahrungen des Guten und der Güte ebenfalls radikal ernst. Zwar lassen sich die beiden Fragen, woher das Böse komme, ob es nun im Namen Gottes ausgeübt wird oder nicht, und wo oder wer Gott angesichts des Bösen sei, nicht von der Hand weisen, so sehr jeder Versuch, sie endgültig zu beantworten, zum Scheitern verurteilt ist. Doch zugleich stellt sich angesichts der Erfahrungen, die Menschen machen, auch die Frage nach dem Guten. Woher das Gute? Ist dieses nur etwas, das uns nützlich ist oder an dem wir Freude und Lust empfinden, oder kann sich in ihm nicht eine Spur jenes göttlichen Gottes zeigen, der unsere Versuche, ihn auf einen Begriff zu bringen oder auf bestimmte Funktionen zu reduzieren, immer wieder infrage stellt? Und kann sich, wie bereits angedeutet, in der Macht des Guten jenseits der Erfahrungen der Ohnmacht und der Übermacht Gottes nicht ein mächtiger Gott zeigen, die stille Macht der Liebe und Güte Gottes? Ausschließen kann man diese Möglichkeit nicht. Wäre es nicht ein menschliches Wagnis, auf sie zu setzen – nicht zuletzt um jener Menschen willen, die die Ohnmacht oder Übermacht Gottes erfahren müssen?

Die Reaktion von Prof. Dr. Birgit Aschmann als Video auf den Vortrag von Prof. Dr. Holger Zaborowski:

Dazwischen

Thomas Arnold/Miriam Bothe:
Der Himmel lässt sich nicht teilen. Annäherungen an den Glauben über Unterbrechungen von Michael Triegel und Uwe Kolbe

Matthias Sellmann:
Die Welt ist Gottes so ... leer. Die Mystik der Gottesabwesenheit bei Chiara Lubich

Judith Hamberger:
Sprachloses Sprechen – Vom Lied ohne Gott. Fünf Kunstfilmminiaturen

Das Heilige

Übers uralt Heilige
hört man wenig sagen,
denn es wirkt das Seinige
ohne Grund und Fragen.

In dem Echten waltet es
als ein Unberührtes,
mit der Hand gestaltet es,
die von dir geführt ist.

Hör ich, so viel hohen Ton
solltest du verweigern,
sag ich, mancher Sängerlohn
fordert, sich zu steigern.

Uwe Kolbe

Der Himmel lässt sich nicht teilen.

Annäherungen an den Glauben über Unterbrechungen von Michael Triegel und Uwe Kolbe

Thomas Arnold / Miriam Bothe

1963 veröffentlichte Christa Wolf ihren Kurzroman „Der geteilte Himmel" und wurde damit in Ost und West berühmt. Kein religiöser Text, sondern die Geschichte einer getrennten Liebe, weil die Sehnsucht nach einem Leben in Freiheit selbst das innere menschliche Band überstieg – und den anderen in den Suizidgedanken treibt. Das Thema ist für die Schriftstellerin selbst ein Heranarbeiten an die innere Grenzlinie.

> *„Früher suchten sich Liebespaare vor der Trennung einen Stern, an dem sich abends ihre Blicke treffen konnten. Was sollen wir uns suchen? Den Himmel wenigstens können sie nicht zerteilen", sagte Manfred spöttisch. „Den Himmel? Dieses ganze Gewölbe von Hoffnung und Sehnsucht, von Liebe und Trauer? Doch", sagte sie leise. „Der Himmel teilt sich zuerst."*

Der Blick in das Sammelwerk findet zahlreiche Brüche: Das Leben ohne Gott, das sich in ganzen Landstrichen seit inzwischen mehreren Generationen ohne einen transzendenten Bezug bestreiten lässt, gehört ebenso dazu wie die kaum aushaltbare Schmerzlinie der Gewaltausübung, die entweder durch Religionsvertreter stattfindet oder mit dem Gottesglauben legitimiert wird. Damit wird eben dieses Buch zu einem Suchen innerer Grenzlinien im Ringen um eine Sprachfähigkeit für ein Empfinden des Zerbrechens und Verlierens. Doch wo haben dann Hoffnung und Sehnsucht, Liebe und Trauer ihren Ort?

Mögen die Texte das Leiden am Gott, der verloren ist und manchmal auch nicht mehr vermisst wird, einerseits schildern und andererseits zwischen den Zeilen die Ermutigungen für ein geistliches Leben auf der Höhe der Zeit aufblitzen, so unterbrechen Lyrik und Malerei die Gedankengänge, um den Blick vom Buch in den Himmel zu ziehen. Sie wollen irritieren und die Frage provozieren, ob sich der Himmel als Antwortoption für das Leiden und Freuen, Zweifeln und Glauben ungeteilt offen halten lässt.

Dazu wechseln sich mit ihrem künstlerischen Zugang zwei Protagonisten ab, die beide der areligiösen Gesellschaft Ostdeutschlands entspringen und ihr zugleich entwachsen sind. Uwe Kolbe, 1957 in Ost-Berlin geboren, geriet mit seiner Sehnsucht nach einem offenen Himmel am Ende der DDR mit deren Kulturpolitik aneinander und siedelte nach Westdeutschland über. Zurück in Berlin und später in Sachsen erfuhr er, dass sein Vater Ulrich nicht nur für die Staatssicherheit arbeitete, sondern auch das Wissen von seinem eigenen Sohn weitergab. Wer Kolbe liest, spürt mit jedem Buchstaben ein Schreiben als dem „Versuch einer Existenz rettenden Annäherung an das eigene Leben"[63].

Wer Uwe Kolbe trifft, bemerkt rasch, wie sehr er nach jedem Wort sucht. Er fordert vom Land das ernsthafte Sprechen ein, weil er mit seiner Biografie weiß, wie vernichtend das unüberlegte Wort ist. Und wie zerstörerisch der Kokon des Ungesagten sein kann. Davon sprechen seine Gedichte, vor allem in dem Band „Psalmen". Des Atheismus' seines bisherigen Lebens bewusst, lässt er sich von der Jahrtausende alten Form inspirieren, um sich als „Ketzer der Liebe"[64] inspirieren zu lassen. Es ist das Singen der „Psalmen eines Heiden, der Gott verpasste". Nicht weil er sich ihm nicht annähern wollen würde, sondern weil niemand den Himmel offen gehalten hat, um Gott zu entdecken. Er fehlt, „weil keiner bei dem Kinde ging, der sagte, hörst du die Stimme?"[65] Immer wieder nistet sich das Schweigen zwischen den Zeilen ein. Ob es Staunen oder das Ringen um das richtige, ernsthafte Wort ist? Uwe Kolbe bleibt auf der Suche, auch mit – oder vielleicht gerade wegen – seiner literarischen Annäherungen. Seine Lyrik bleibt voll des Zweifels und der tastenden Unsicherheit. Und passt genau deswegen als Unterbrechung in das Sammelwerk. Seine Werke sind der Versuch, „aus der säkularen Welt heraus wieder Anschluss zu finden an eine religiöse Haltung (...) Wer würde da nicht mitlieben und mitgehen wollen?"[66] Doch wer sich nach dem ungeteilten Himmel sehnt, wird nicht in Harmonie versinken können.

In Kolbes Texten trifft sich eine Lebens- und Liebesverzweiflung, die ebenfalls die wissenschaftlichen Texte durchdringt und mit dem Zweifeln an der Kirche durchwebt. Klar in der Analyse, unsicher im Blick nach vorn. Aus der eigenen Erfahrung des Lebens und der genommenen Option einer „Zwiesprache" mit Gott nimmt Kolbe immer wieder Anlauf, aus dem Wissen um die Liebe und die Sehnsucht nach dem ungeteilten Himmel das Dilemma zu lösen. „Daraus sprechen Trotz, aber auch die Überzeugung, dass angenommen werden wird, wer wirklich angenommen werden will."[67] Kolbes Gedichte sind eine Konfrontation mit einem Gott, nach dem er sich sehnt und dem er nahekommt, ohne ihn zu umarmen.

Auf ganz andere Weise begegnet die zweite Unterbrechung des Wissenschaftlichen in diesem Buch: die Werke von Michael Triegel. Für die einen ist er schlicht der erste deutsche Papstmaler, Neue Leipziger Schule, Rauch und Tübke. Für die ande-

ren der Revolutionär: jemand, der es in schönster Feinmalerei wagt, im Stil der Staub angesetzten Kunst längst überwundener Epochen – ohne zu karikieren, ohne zu glorifizieren – zu arbeiten und dem zur verbindlichen Norm gewordenen Immer-provokant-immer-Tabubruch der Avantgarde durch Tradition zu widersprechen. Das ist die wahre Provokation. Aber ist nicht schon alles dargestellt, die Bibel abgehakt worden? Sind nicht selbst Christen dafür schon zu emanzipiert? Triegel ist wie Kolbe wissend Zweifelnder, ein immer noch Suchender, der jedoch – anders als Kolbe – schon gefunden hat. Jemand, den der Glaube im schmerzlichen Hier und Jetzt fordert, ihn zwar herankommen und doch weitersehnen lässt. So entstehen chimärenhafte Visionen der Heilsgeschichte, gespeist aus Triegels weitem Horizont an Philosophie, Politik, Literatur, Geschichte und Kunst, aufgeladen mit den großen Themen unserer Zeit im rätselhaften Widerschein des Erlösungsversprechens. Doch wie sieht man heute einen Gott, den man schon lange nicht mehr sieht? Ist ein abwesender Gott in seiner Allmacht trotzdem anwesend? Fragen wie diesen geht Triegel in einem seiner wichtigsten Werke nach, das für ihn eine Schlüsselrolle einnimmt und in der Vorbereitungszeit auf seine katholische Taufe 2013 entstanden ist: „Deus absconditus", der verborgene Gott. Auf jenem Gemälde sehen wir ein Kruzifix in einer Nische aus nüchternem Backstein und im Hintergrund: die Gottesschau einer alles verschluckenden, unauflöslichen Nacht der Ewigkeit, welche den Raum hinten scharf abschneidet. Was wohl geschähe, überträte man diese Kante ins Nichts? Doch dazu kommt es nicht. Der Platz auf dem herzkalten Marmorfußboden ist derart verstellt, dass der Weg unbegehbar erscheint. Die großen Rätsel Gottes bleiben im Verborgenen. Es wird nur geoffenbart, was genügt und genügen muss: triptychonal in der Mitte das Kreuz mit dem Heiland, doch nur als Ahnung, denn man erblickt Hände und Füße, nicht den Leib des fleischgewordenen Gottes. Ein weißes Tuch verhüllt den Blick und gibt das Wunder nur widerwillig preis. Auch das Kreuz selbst ist nur ein Gestell, ein aus fragilen Streben zusammengezimmerter Hohlkörper. Dennoch ist die Aufgabe erfüllt: Das Blut der Erlösung wurde vergossen und quillt vom Holz auf den Boden. Das Opfer wurde erbracht, so wie die geopferten Schafsschädel des Alten Testaments ihm zu seiner Rechten beigegeben sind – ihm, dem agnus Dei jener Puppentheaterszene, in welcher die Epiphanie der Heiligen zu Requisiten erstarrt. Rechts liegt der Apfel der Sünde, verführerisch zum Greifen nah in vorderster Ebene. Doch er bleibt fortan unberührt. Stattdessen rufen Wein und Brot zur Eucharistie, stets dessen hinter dem Tuch zu gedenken, was wir weder fassen noch erfassen können. So bleibt die Gottesformel auf dem Zettel ein Rätsel und der auferstandene Messias verkommt zur gotischen Dekoration. Gut konserviert lehnt er im Kasten, wo er abrufbereit zur Verfügung steht, falls man ihn eines Tages brauchen könnte. An der linken Seite des Abendmahlstisches findet man die Madonna: Geisterfüllt und selbst zum Geist geworden, besteht ihre virtus in reiner Form und Farbe. Sie wendet ihr Gesicht von uns ab, keine Hand berührt die alte Schreibmaschine vor ihr, die in göttlicher Inspiration zu schweben scheint. Doch Maria schreibt nicht mehr, das Buch des Lebens scheint abgeschlossen. Welche Hoffnung mag daher der Betende hegen, der sich vor dem Antlitz Gottes ebenso verbirgt wie der Gekreuzigte vor dem Betrachtenden? Doch durch die Nacht des Glaubens reicht Gott seine Schnur zu den Seinen herab: Zwar erscheint jene Verbindung ins göttliche Nichts als zartes Band und kann zuweilen festhängen, als sie sich oben am Holzkasten verhakt, aber: Sie besteht. Und mit ihr die Chance, doch etwas mehr vom Tuch zu lüften, zöge man vielleicht nur etwas mutiger daran. Was hält uns eigentlich davon ab? Ach ja, unser Leben. Getrieben und gehetzt, konsumierend statt reflektierend, skeptisch und rational scheint der Zeitgenosse des 21. Jahrhunderts geworden. Es ist die bildgewordene Kritik Kolbes des nicht mehr ernsthaften Redens. Es gibt die Naturwissenschaften, die moderne Technik, die Künstliche Intelligenz: Die sind unbezweifelbar, wir glauben doch keine Märchen mehr. Wozu also noch Gott? Triegel gibt eine Antwort: Es braucht das Wirken Gottes im Menschen, das keine Maschine ersetzen kann. Das ist nichts anderes als Mit-Gott-Sein. Was, wenn Gottes Gnade gerade dann am größten ist, wenn der Mensch am schwächsten ist? In Krankheit, Leiden und Tod, den unausweichlichen, gefürchteten Realitäten eigener Existenz?

Deswegen erschaudert man ein wenig, blickt man auf Triegels Bild „Imago" mit dem leeren Rollstuhl im kargen Zimmer. Der Platz ist freigeworden, auch wir als Betrachtende könnten eines Tages darauf sitzen müssen. Geradezu steril wirkt der gefliese Innenraum mit dem Kreuzgratgewölbe. Ein Sanatorium in einem ehemaligen Kloster, dessen Mönchszellen zu Krankenzimmern umgebaut worden sind? Dieses verlangt seinen Bewohnern eine andere Art der vita inclusa ab, denn das Fenster mit seinen Butzenscheiben ist geschlossen und wird es bleiben: Es besitzt keine Griffe. Jeder Blick, jeder Kontakt zur Außenwelt wird unmöglich. Trotzdem ist die Szenerie geöffnet, geheilt, gar geheiligt. Die Kerze von Christi Gegenwart in jenem Leben brennt noch immer neben dem Rollstuhl, der gleichermaßen eine Transformation erfahren hat wie sein Besitzer. Darüber schwebt segnend Christus auf dem Regenbogen, Zeichen des Bundes zwischen Gott und den Menschen. Sein Heiligenschein erstrahlt wie eine mit Edelsteinen besetzte Goldschmiedearbeit, er trägt den roten Königsmantel und von seinem Haupt gehen die beiden Zeichen des göttlichen Gerichts aus: Das blutrote Schwert für die Verdammten, die weiße Lilie für die Gerechten. In bester altmeisterlicher Manier eines Rogier van der Weyden oder Hans Memmling wird das Urteil verkündet: Himmel! Vergangen ist jene zerbrochene menschliche Hülle, gewandelt in einen Reigen bunter Schmetterlinge als Symbol der zu Gott aufsteigenden Seele. Sie sitzen neben und auf dem vergoldeten Rollstuhl, der mit seinem blau-goldenen Brokatmuster zu einem Würdeplatz geworden ist. So verweist auch das Ei auf der Fensterbank auf Leben und Auferstehung. Die endgültige Heilung erfolgt nicht durch die Wissenschaft, die Medizin oder das Pflegepersonal, sondern durch Gottes Liebe und Barmherzigkeit, seine innige Zuwendung zu jedem Menschen, die niemanden vergisst, der an ihn glaubt. Die Frage der Errettung wird auf den Betrachter zurückgeworfen: Wie hat man anderen Menschen, denen Christus begegnet, geholfen und beigestanden? In der Sehnsucht nach Rettung und nach Erlösung begegnet im alltäglich Kleinen Christus im eschatologisch Großen. Das Miteinander im Leben lässt sich beim Blick in den Himmel anders deuten.

Triegel greift das soteriologische Thema auf, das eines der meistdargestellten Sujets der christlichen Kunst in allen ihren Gattungen ist. Doch ungewöhnlich real und zugleich entrückt mutet seine „Kreuzigung" an: Der Heiland am Kreuz, über ihm die Inschrifttafel des Pilatus, unter seinen Füßen das Suppedaneum, ans Holz geheftet im älteren Viernageltypus. Blut strömt von den Nägeln, die seine Hände und Füße durchbohren, sowie aus seiner Seitenwunde, das Lendentuch sorgsam verknotet. Auffällig unbeschädigt wirkt der apollinische Körper. Doch ausgerechnet sein Gesicht – das wichtigste Element zur Identifikation des Betrachters mit dem Heiland – ist von einem Blatt Papier verhüllt und lässt eben noch die Dornenkrone, sein schulterlanges Haar und seine geneigte Kopfhaltung erahnen. So stirbt Gott der Welt allein und im Verborgenen. Die braune Tafel hinter dem Kruzifix enthebt das Geschehen der Wirklichkeit und erklärt es zu einer nobilitierten Formel der Einsamkeit, die von den Lorbeerbüschen als Zeichen des Sieges über den Tod konterkariert wird. Zwei Franziskanermönche erstarren an seinen Seiten, ihr Gebet scheint ebenso leer zu sein wie sie selbst. Ohne Geist und Glauben sind sie nur Hüllen, die keine Kommunikation zu Gott herstellen können, so muss ihnen die vera icon zwangsläufig verborgen bleiben. Zu Füßen des Gekreuzigten steht eine Holzkiste und auf ihr wie auf einem Altartisch die Fastenspeisen Brot und Wasser. Darunter gibt die geöffnete Vorderseite, quasi die Predella des Kruzifixes, den Blick auf das verheißene Kind frei. Es liegt auf dem Heu der Krippe gebettet und sein rotes Wickeltuch hängt in den vorbeiströmenden Wassern des Lebens, die es allen Menschen spenden wird. Die Kirsche – eine Frucht der Liebe – verweist mit ihrer blutroten Farbe auf das Martyrium Christi und korrespondiert mit der Kerze als Symbol der Auferstehung. So entpuppt sich Triegels visionäre „Kreuzigung" schlussendlich doch als das, was das Thema von jeher kann und will: Im Tod aus Liebe ein Hoffnungsbild erneuerten Lebens. Trotz aller Zweifel und Irritation, die zwischen dem Surrealen und dem Greifbaren, dem Sichtbaren und dem Verborgenen schwingen, kommt es doch zur Erlösung: Es gilt zu glauben, selbst wenn wir nicht sehen. Denn „für Gott ist nichts unmöglich" (Lk 1,37). Er hat für den Glaubenden bereits das Unmögliche getan und wird es auch weiterhin tun. Allerdings setzt dies eine Haltung des Empfangen-Könnens voraus. Damit verringert sich die Distanz zur Hingabe. Gnade und eigenes Handeln kommen damit in ein Spannungsfeld. Das Paradebeispiel hierfür ist Maria, die immer und in allem tut, was Gott ihr mitteilt: „Ich bin die Magd des Herrn, mir geschehe, wie du es gesagt hast" (Lk 1,28–38). In Triegels „Verkündigung" finden wir eine solche Maria, die sich ohne Zweifel und ohne Zögern zur vollständigen Dienerin Gottes erklärt. Gabriel schwebt als bemalte Stuckfigur über ihr. In nahezu gynäkologischer Drastik sehen wir die schöne, schlanke junge Frau, wie sie bildparallel auf einem langen, mit weißen Altartüchern behangenen Tisch liegt und bereitwillig die Empfängnis erwartet. Dabei wird sie von einer Backsteinwölbung umfangen, deren hintere Kanten wieder ans göttliche Nichts heranreichen – oder besser gesagt: Hier beginnt das Mysterium Gottes seiner unmittelbaren Gegenwart, das man nicht mehr schauen kann. Deswegen befindet sich zwischen der himmlischen Sphäre und Maria ein kostbarer Gobelin, der alle Versprechen Gottes einzulösen ankündigt. Die grüne Grundfläche bedeutet nicht nur Hoffnung und das Wirken Jesu auf Erden. Mehr noch ist sie Hinweis auf den hortus conclusus, den Paradiesgarten. Damit wird auch die göttliche Ordnung versinnbildlicht, denn die Pflanzen und Früchte sprießen nach einem bestimmten Prinzip, dem ebenfalls Maria als „schöne Gärtnerin" Folge leistet. Sie handelt dabei mit einer Unbedingtheit, die an die Grenzen ihrer physischen Existenz heranreicht. Diese „Madonna dell'umiltà" entäußert sich vollständig in der blanken Nacktheit ihres reinen Körpers, um alles, was sie ausmacht, Gott zu übergeben: seinem Wort zu folgen und „das Wort zu Fleisch werden zu lassen" (Joh 1,14). Marias Gottesbegegnung erfolgt in ihrem liebenden Dienen, denn aus Liebe dient Gott den Menschen, um sie durch seinen Sohn zu erlösen. Daher wird die Magd zur Königin. Solcherart in Gottes Gnade zu stehen und gesegnet zu sein, ist eine tiefe Sehnsucht des Menschen, die vielleicht unauflöslich ist und der nachzustreben ein ganzes Glaubensleben in Anspruch nehmen mag. Alles ist eine Annäherung an Gott, im Licht wie im Dunkel, in der Klarheit wie im Rätsel. Und so hat Michael Triegel tatsächlich „der Kunst eine Relevanz zurückgegeben, die sie für viele Leute heute verloren hat"[68]: Einen Weg zu Gott zu finden, der zwar zweifelt, hinterfragt, kritisiert – aber uns dem Ziel annähert.

So unterschiedlich Uwe Kolbe und Michael Triegel sowohl in der Ausgestaltung ihres Empfindens als auch in ihrer Gottesbeziehung sind, bleiben sie auf gute und kluge Weise Suchende, die ein geistliches Leben in der heutigen Zeit nicht verstellen, sondern eine neue Suchbewegung öffnen. Sie sind eine andere Generation als Christa Wolf. Aber beide sind Teil einer Gesellschaft, deren Liebe zu Gott getrennt oder nicht mehr ermöglicht wurde, „weil keiner bei dem Kinde ging, der sagte, hörst du die Stimme?"[69] Dabei arbeiten sie sich an ihre inneren Grenzlinien heran, um im ganzen Gewölbe von Hoffnung und Sehnsucht, von Liebe und Trauer Gott zu finden. Ob sie ihn finden, bleibt – wie für jeden – in der Sehnsucht nach der visio beatifica verborgen. Denn der Himmel lässt sich nicht teilen. Aber offen halten.

Ich habe nur einen Bräutigam

Ich habe nur einen Bräutigam auf Erden:
Jesus, den Verlassenen.
Ich habe keinen Gott außer ihm.
In ihm ist der ganze Himmel mit der Dreifaltigkeit und die ganze Erde mit der Menschheit.
Was sein ist, ist mein, sonst nichts. Und sein ist der Schmerz der ganzen Welt – und deshalb auch mein.
Ich werde durch die Welt gehen und ihn suchen, in jedem Augenblick meines Lebens.
Was mir weh tut, ist mein. Mein ist der Schmerz, der mich im Augenblick trifft. Mein ist der Schmerz der Menschen neben mir (das ist mein Jesus). Mein ist alles, was nicht Friede, Freude, was nicht schön, liebenswert, heiter ist ... – kurz: all das, was nicht Paradies ist. Denn auch ich habe mein Paradies, doch es ist das Paradies im Herzen meines Bräutigams. Ein anderes kenne ich nicht.
So werde ich durch die Jahre gehen, die mir bleiben: dürstend nach Schmerz, Angst, Verzweiflung, Schwermut, Trennung, Verbannung, Verlassenheit und innerer Qual, nach ... allem, was er ist, und er ist die Sünde (vgl. 2 Kor 5,21).
So trockne ich das Wasser der Trübsal in den Herzen vieler, die mir nahe sind, und durch die Gemeinschaft mit meinem allmächtigen Bräutigam auch in denen, die fern von mir sind. Ich werde vorübergehen wie Feuer, das verzehrt, was vergehen muss, und nur die Wahrheit bestehen lässt.
Doch man muss sein wie er: Jesus der Verlassene sein im gegenwärtigen Augenblick des Lebens.

Chiara Lubich

Die Welt ist Gottes so ... leer.

Die Mystik der Gottesabwesenheit bei Chiara Lubich[70]

Matthias Sellmann

Die Meditation von Chiara Lubich mit dem Titel „Ich habe nur einen Bräutigam" aus dem Jahr 1949 ist ein Spitzentext zeitgenössischer christlicher Mystik – und das in mehrfacher Hinsicht. Dass er für die junge Frau – sie war 29 Jahre alt – biografisch zentral ist, liegt angesichts seines Inhaltes auf der Hand. Für die Fokolarbewegung bezeichnet der Text einen Meilenstein in der Ausbildung dessen, was sie später als das „Ideal der Einheit" bezeichnen wird. Aber auch über die Biografie einer jungen Christin und über die Entwicklung einer bestimmten christlichen Gruppe hinaus ist dieser Text sehr bedeutend. Vor allem das soll in diesem Beitrag herausgearbeitet werden.

Dabei wird sofort deutlich, dass der Text vor Missverständnissen (so gut es in der Kürze geht) geschützt werden muss. Denn natürlich ist das hier Gesagte hochgradig befremdlich. Chiara Lubich findet den einen, den großen Liebespartner ihres Lebens. In den Metaphern der Hochzeit spricht sie vom Bräutigam, vom Paradies, von Gemeinschaft. Die wunderbaren Worte solcher Lebensbündnisse fallen alle: Friede, Freude, Schönheit, Liebenswürdigkeit, Heiterkeit, Trost. Die Superlative werden genannt: in *jedem* Augenblick meines Lebens; *keinen* anderen als ihn; in ihm ist der *ganze* Himmel; man *muss* sein wie er.

Doch in dieses intime Pathos fallen diese anderen Begriffe, die sich so gar nicht der Situation zu fügen scheinen: Dieser Bräutigam ist der der Schmerzen; der Weg mit ihm führt in Angst,

Verzweiflung, Schwermut, Verbannung, innere Qual; wer ihn geht, ist dauerhaft unbefriedigt, dürstend; er oder sie wird wie verzehrendes Feuer sein. Vor allem aber: Dieser Bräutigam führt gerade und sogar programmatisch von Einheit, Gemeinschaft, Zweisamkeit weg. Und noch mehr, wenn man die Metapher der Hochzeit ernst nimmt: Dieser Bräutigam ist dauerhaft verlassen, er kann also eigentlich nicht heiraten, er braucht keine Braut. Die Liebe zu ihm führt in das Gegenteil dessen, was man sich unter Liebe verspricht – sogar in das Gegenteil Gottes (denn, so heißt es unter Bezug auf den Zweiten Korintherbrief: Er ist die Sünde).

Beides wird überdeutlich: Ist Liebe das, was vor allem den Anderen sieht und, wenn überhaupt, nur über diesen Umweg selbst etwas davon haben will, dann liegt mit dem Liebesversprechen zu einem immer Verlassenen eine Geste vor, die den Namen „Liebe" voll verdient. Und zweitens: Um trotzdem das Missverständnis zu vermeiden, in dieser Liebesgeste liege eine selbstschädigende Verherrlichung des Kreuzes vor, braucht man als Leser einen größeren Zusammenhang. Dieser soll in vier Schritten aufscheinen.

1. Seismografen

Manche Menschen sind Seismografen: Sie reagieren sensibel auf verborgene Schwingungen, sie registrieren unsichtbare Verschiebungen unserer kulturellen Tektonik. Sie spüren, dass etwas kommen wird, und vielleicht wird es ein Beben sein, ein Wechsel des Gewohnten. Und sie mahnen, sich dementsprechend zu wappnen. Es sind Röntgenmenschen, die tiefer, weiter und zukünftiger zu schauen in der Lage sind. Sie sind Künstlerinnen und Künstler, Philosophen, politische Visionäre, wagemutige Unternehmer, manchmal schlichte Alltagsweise. Wenn sie auch keine Diagramme aufzeichnen wie technische Seismografen, so sind ihre Berichte doch ebenso markant: Mit Texten, Liedern, Bildern, Choreografien, aber auch Protestmärschen, Manifesten oder neuen Produkten geben sie uns Anteil an dem, was sie heute schon als das Morgige, das Kommende erkannt haben. Sie können beliebt sein oder Querulanten, anerkannt oder erst nach Lebzeiten geschätzt: Oft jedenfalls bezahlen sie ihr Genie mit bitterer Münze. Denn ihre Tragik liegt in ihrem Vermögen, schon in einer Zukunft zu leben, die für die Vielen erst noch kommen wird und die daher jetzt weder dem Seher noch den Normalen eine Heimat bieten kann.

Willst du wissen, was morgen Zusammenleben prägt, Denken, Technik und Weltgestaltung, dann musst du diese Seismografen fragen. Und willst du wissen, was morgen unser Gottesverhältnis prägen wird, die Art und Weise, wie er sich uns zeigen wird und woraufhin – dann musst du die Mystiker deiner Zeit befragen. Denn sie sind die Seismografen, die heute schon die Veränderungen der spirituellen Tektonik erspüren; die heute schon mit Gott so leben, wie er es morgen mit den Vielen plant. Sie führen heute bereits eine Beziehung mit Gott, die erst noch kommen wird und die daher jetzt noch keine Heimat bieten kann. So gehören sie weder dem Gott, den sie ahnen, noch dem, der sich gerade den Vielen zeigt. Ihnen bleibt nur der Platz dazwischen. Und wenn sie zu uns sprechen, geben sie uns Anteil an ihrer Ahnung, ohne dass wir ihnen im Gegenzug dafür einen Platz in unserem Alltag zu geben vermöchten. Mystische Röntgenmenschen haben weder Nester wie die Vögel noch Höhlen wie die Füchse (Mt 8,20). So, zwischen Gott und den Welten, gehen sie durch die Jahre, die ihnen bleiben.

2. Das neue Paradigma: Gotteserfahrung als Abwesenheitserfahrung?

Stellt man die Perspektive in dieser Weise seismografisch ein, so ergibt sich ein brisantes Bild auf die Meditation zum verlassenen Jesus als Bräutigam eines mystischen Lebens. Der Text steht in einer überraschenden Reihe anderer Texte, die den reinen Textbefund an sich steigert. Was ich sagen will: Die seismografische Information aus der Meditation „Ich habe nur einen Bräutigam" wird von anderen seismografischen Informationen deutlich bestätigt. Und das deutet doch wohl darauf hin, dass hier etwas angezeigt wird, was weit über den einzelnen Text bei Chiara Lubich hinausgeht und was ihm gerade deswegen im Konzert mit anderen bedeutenden mystischen Texten hohe Signalqualität verleiht.

Was ist gemeint? Die These dieses Abschnittes und die Hauptthese des ganzen Kommentars lautet: Die Mystik vom gottverlassenen Jesus bei Chiara Lubich – die sich in einer einzigartigen Verdichtung in der Meditation vom Bräutigam darstellt – steht in Korrespondenz zu anderen Mystiken des 20. Jahrhunderts, die ebenfalls bezeugen und erleiden, dass Gott als abwesend erfahren wird. Gotteserfahrung als Abwesenheitserfahrung ist also vielleicht das Paradigma, auf das wir als die Vielen zugehen. Und es sind unsere großen geistlichen Lehrerinnen und Lehrer, die uns hierauf vorbereiten. Chiara Lubich ist eine von ihnen.

3. Mystik der Gottesabwesenheit: Beispiele

Manche kennen den berühmten Text von Pater Alfred Delp, der im Gefängnis der nationalsozialistischen Herrschaft hingerichtet wurde. Er schreibt 1944: „Innerlich habe ich viel mit dem Herrgott zu tun und zu fragen und dran zu geben. Das Eine ist mir so klar und spürbar wie selten: Die Welt ist Gottes so voll.

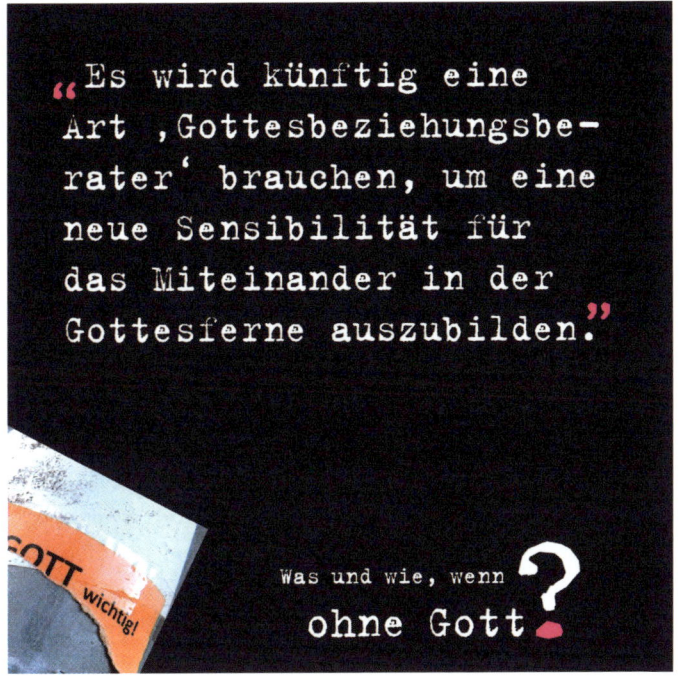

„Es wird künftig eine Art ‚Gottesbeziehungsberater' brauchen, um eine neue Sensibilität für das Miteinander in der Gottesferne auszubilden."

Was und wie, wenn ohne Gott?

Aus allen Poren der Dinge quillt er gleichsam uns entgegen, wir aber sind oft blind."[71]

So faszinierend diese innere Unabhängigkeit von äußeren Bedrängnissen auch anmutet, so anders lesen sich die Aufzeichnungen eines anderen Mitverschwörers gegen Hitler, eines anderen Gefangenen, nur wenige Kilometer von Pater Delp entfernt. Und, so jedenfalls die These hier, die dort angeschlagene Tonart erzählt eine ganz andere mystische Geschichte. Nicht nur, dass Gott eben nicht als der erlebt wird, der aus allen Poren der Welt entgegenquillt, sondern vielmehr: dass es gar nicht sein möge, dass er es tut; dass es vielmehr die Welt in ihrer Eigenart stärker hervorhebt, wenn er in ihr gerade abwesend ist. Die Rede ist von Dietrich Bonhoeffer (1906–1945), dem evangelischen Pater und Professor, Mitverschwörer gegen Hitler. Bonhoeffer entwickelt eine Spiritualität der radikalen Immanenz. Eine seiner bekanntesten Formulierungen fasst die moderne Identität des Christseins so zusammen: „Vor und mit Gott leben wir ohne Gott."[72] Die Sprache der Verkündigung wird morgen eine unreligiöse sein (136, 153 u. ö.); und nicht an den Rändern, den Spektakeln und außerordentlichen Einbrüchen des Lebens sollen wir Gott vermuten, sondern mitten im Alltag, der Banalität, der Verwechselbarkeit. Als Christ, so könnte man mit Bonhoeffer sagen, verfehlt man Gott umso mehr, je mehr man in ihm etwas anderes will, als eben dieses Leben zu bieten hat. Eben weil die Zeit der Religion vorbei ist, die der Innerlichkeit, der Gewissenssicherheit, des großen überwölbenden Daches einer gemeinsamen Gotteserfahrung, eben darum beginnt erst die Zeit des Evangeliums. „Der Christ hat nicht wie die Gläubigen der Erlösungsmythen aus den irdischen Aufgaben und Schwierigkeiten immer noch eine letzte Ausflucht ins Ewige, sondern er muss das irdische Leben wie Christus („Mein Gott, warum hast Du mich verlassen?") ganz auskosten und nur indem er das tut, ist der Gekreuzigte und Auferstandene bei ihm […]" (167). Um den Unterschied zu Pater Delp zu pointieren: Die Welt ist nicht Gottes so voll, sondern der Welt. Aus allen Poren der Dinge quellen uns entgegen: eben die Dinge.

Ein zweites Beispiel: Madeleine Delbrêl (1904–1964). Die französische hochbegabte junge Sozialarbeiterin war zeitlebens vom Atheismus inspiriert und kulturell geprägt – so sehr, dass sie nach ihrer für sie alles umreißenden Gottesentdeckung in die kommunistischen Vororte der verelendeten Fabrikarbeiter zieht, um deren Gotteslosigkeit zu teilen. Philosophisch kommt sie von Nietzsche her, Montaigne und Pascal; und ihr Glaube wird zeitlebens von der Basiseinsicht geprägt sein, dass es überhaupt um Gott geht, nicht um einzelne spirituelle Aspekte. „Aufgrund dieser Erfahrung bezeichnet Madeleine Delbrêl Gott als ‚das schwarze Licht' [...] Ihre Schriften sprechen vom ‚Mysterium', von der ‚unergründlichen Finsternis Gottes' und der ‚undurchdringbaren Welt des Insichseins Gottes'."[73] Abgründig ihre Spiritualität der Wüste, wenn sie etwa schreibt: „Wahre Einsamkeit [liegt, MS] nicht in der Abwesenheit der Menschen, sondern in der Anwesenheit Gottes."[74] Ihr Lebenszeugnis wird das eines solidarischen Lebens mit Menschen, die keinen Fluchtpunkt in irgendeiner Heilsidee haben. Dabei wird man zum Gottesknecht, ähnlich wie die Synoptiker Jesus am Kreuz mit dieser jesajanischen Figur zu deuten vorschlagen.[75] Wer mit Marxisten in Freundschaft zusammenlebt, und das als Christin, für den heißt es „auf unterster Stufe, aber in letzter Härte an der Bedrohtheit der Kirche, an der Ursache all ihrer Entzweiungen teilzuhaben."[76] Nehmen wir ein drittes Beispiel hinzu, vielleicht das überraschendste: Mutter Teresa (Agnes Gonxhe Bojaxhiu, 1910–1997). Diese weltbekannte Ordensfrau gründete die Schwestern der „Missionaries of Charity". Die Friedensnobelpreisträgerin von 1979, seliggesprochen 2003, gilt im globalen Bildgedächtnis als das kleine Kraftpaket von Frau, stets milde lächelnd, tief fromm und wohltätig. Als 2007 ihre persönlichen Aufzeichnungen, Tagebuchnotizen und Briefe veröffentlicht werden, erlebt die Welt ihrer Anhängerinnen und Anhänger einen Schock. Sichtbar wird, dass Mutter Teresa in den Jahrzehnten nach der Anerkennung ihres Ordens in einer völligen geistlichen Dunkelheit gelebt und gebetet hat. Es beginnt in den Jahren um 1950, dass sie nicht nur keinen Kontakt mehr zu ihrem göttlichen Partner verspürt, sondern sogar seine Abneigung. Viele Zitate können diese innere Verlassenheit belegen, und ohne Übertreibung wird man sagen können, dass die Lektüre dieses Buches verstören kann. Denn

was sich eventuell leicht und mit gewissem theologisch-feuilletonistischem Esprit behaupten lässt – dass nämlich die Gotteserfahrung unserer Zeit eventuell die seiner Abwesenheit sein kann – das wird auf diesen Seiten geradezu brutale Realität.
Mutter Teresa schreibt 1962: „Wenn ich jemals eine Heilige werde – dann gewiss eine ‚Heilige der Dunkelheit'. Ich werde fortwährend im Himmel fehlen – um für jene ein Licht zu entzünden, die auf Erden in Dunkelheit leben."[77] „[...] denn in mir ist eine solche Dunkelheit, als ob alles tot wäre. Dieser Zustand besteht mehr oder weniger seit dem Zeitpunkt, als ich mit dem ‚Werk' anfing." (177) „Beten Sie für mich – denn in meinem Innern ist es eiskalt." (192) „[...] und doch ist da diese Trennung – diese furchtbare Leere, dieses Gefühl der Abwesenheit Gottes." (193) „[...] manchmal ist die Agonie der Trostlosigkeit groß und gleichzeitig das Verlangen nach dem Abwesenden Einen so tief [...]" (194). „In meiner Seele herrscht ein so großer Widerspruch. Ein so tiefes Verlangen nach Gott [...] und trotzdem nicht gewollt von Gott – abgewiesen – leer – kein Glaube – keine Liebe – kein Eifer. Die Seelen ziehen mich nicht mehr an – der Himmel bedeutet nichts mehr – für mich schaut er wie ein leerer Platz aus – der Gedanke an ihn bedeutet mir nichts und gleichzeitig diese folternde Sehnsucht nach Gott." (199)
So geht es Seite um Seite. Die Lektüre wird ein schmerzhaftes, fast voyeuristisches Mitgehen mit einem alleingelassenen Menschen, der sich dennoch nie beschwert und sogar diese Dunkelheit in seine Gottesliebe integrieren kann.

4. Fazit 1: Die individuelle Ebene
Es geht hier nicht darum, geistliche Furcht zu verbreiten. Man muss mehr über diese großen Persönlichkeiten des Glaubens wissen, um die gebotenen Zitate einzuordnen. In wenigen Zeilen

kann auch nicht ihre gesamte Spiritualität erschlossen werden. Und natürlich finden sich bei allen vieren auch tiefe Zeugnisse der gefühlten Anwesenheit ihres Gottes.

Was aber gezeigt werden sollte: Chiara Lubichs Text vom Verlassenen als Bräutigam steht in der Nachbarschaft zu anderen Erfahrungen sehr ähnlicher Art. Und die mystische Erfahrung der Gottesabwesenheit steht im Zentrum nicht nur ihrer, sondern auch anderer prominenter Mystiker ihrer Zeit. Von dieser Nachbarschaft kommt zusätzliche Substanz in den Text. Und wenn auch Bonhoeffer, Delbrêl, Teresa und andere, hier nicht Genannte, jede und jeder eine hochindividuelle Beziehung zu Gott reflektiert, so ist doch erstaunlich, dass gerade die Figur des Verlassenen am Kreuz wie paradigmatisch von allen als Hauptorientierung genannt wird.

Was bedeutet dies für die Lektüre dieser Meditation? Individuell kann man stark inspiriert sein von der Kraft dieses Textes und der Radikalität einer Gottesliebe, die Gott zu gar nichts zwingt, sondern ihn genauso freilässt wie er uns. Wer Chiara Lubich und die von ihr geprägten Leute näher kennengelernt hat, hat Lebenszeugnisse und viele Texte erhalten, in der diese Gottesliebe vorgelebt und gelehrt wurde. So war es auch bei mir selbst: An einem bestimmten Punkt meiner eigenen Berufungsfindung hatte ich ein starkes inneres und prägendes Erlebnis, das eng mit dieser Meditation zusammenhing. Es ging mir damals äußerlich um die Frage nach dem Weg, also um Priestertum, Heirat oder Eintritt ins Fokolar. Innerlich aber ging es um mehr: Ich suchte nach meinem Platz im Leben mit mir und in dem mit Gott. Bei der Kontemplation eines großen Holzkreuzes fiel mir auf, dass es einen Platz gibt, an dem man höchstgradig eng mit Jesus verbunden sein kann und doch höchstgradig entfernt von ihm bleibt: das ist die Rückseite seines Kreuzes. Dort, so ging mir auf, war ein Platz frei. Ein seltsam exponierter Platz: Als Gekreuzigter in Jerusalem schaut Jesus auf den Tempel, wenn auch außerhalb der Stadtmauern und als Gekreuzigter nach Ansicht der Juden auch außerhalb des Jahwe-Bundes. Ein Gekreuzigter galt auch als ein von Gott Verstoßener und Verachteter. Ich auf der Rückseite seines Kreuzes wäre so eng wie möglich bei ihm, doch mein Blick ginge gerade vom Tempel weg, sozusagen in die Welt hinein. Dies sollte mein Platz werden, wie ich damals spürte: untrennbar nah bei ihm, doch in der Strebung weg von ihm. Vor und mit Gott ohne Gott. Mein Lebensweg würde mich zu denen führen, die nicht im Geheimnis sind, nicht im Trost, nicht in der Hoffnung. Ich würde niemals billig über Gott sprechen wollen. Und ich würde nah bei Gott sein, doch ohne die Möglichkeit, ihm näherzukommen.

5. Fazit 2: Die kollektive Ebene

Über die individuelle Ebene dieser Gottesdeutung hinaus gibt es eine kollektive. Wenn die hier angebotene These von den mystischen Seismografen stimmt, dann mag es sein, dass wir alle – ob religiös oder nicht, ob gläubig oder nicht – vor einem paradigmatischen Wechsel der Gotteserkennbarkeit stehen. So wie die Apostel nach der Auferstehung erleben mussten, dass sie die neue Gestalt ihres Rabbi nicht erkannten (vgl. nur Mk 16,14; Lk 24,16; Jo 21,4 u. ö.), so ergeht es vielleicht auch uns heute: Es mag sein, dass die Mystiker unserer Zeit uns darauf vorbereiten, dass es eine bestimmte Form der Abwesenheit Gottes geben wird, die unseren traditionellen Formen und Formeln der Gottesbeziehung ihre Treffsicherheit nimmt. Vielleicht gehen wir zu auf eine neue gemeinsame Suche, wie die diversen kulturellen und interreligiösen Welten und der eine Gott aller neu zusammengedacht und zusammen erfahren werden können.

Vielleicht wird die große Vision des Zweiten Vatikanischen Konzils der gemeinsamen Wahrheitssuche (Dignitatis Humanae 3) sich daran zu konkretisieren haben, dass die gewohnten Routinen der Gottesbeziehung vom Faktum seiner Abwesenheit her neu glaubwürdig gemacht werden müssen. Vielleicht ist dies die große und endlich menschheitliche Ökumene, in die sich vor allem die einbringen können, die in ihrer Suche nach Gott nicht weiterkommen: dass niemand von uns Gott „hat", dass wir alle aber seiner bedürfen.

Die Gnaden

Den Hoffenden führst du
unter den offenen Himmel,

den Sehnenden stellst du
vor die Weite der See,

und dem, der verloren war,
gibst du dein Wort.

Uwe Kolbe

Sprachloses Sprechen – Vom Lied ohne Gott

Fünf Kunstfilmminiaturen
Judith Hamberger

Beim vordergründigen Lesen dieser beiden Wortpaare erscheint der erste Versuch einer Einordnung als Widerspruch, eine Antithese in sich.
Wie kann denn Sprechen sprachlos sein? Ein Lied aus Klängen und Gesang durch sein Schwingen und Tönen von anderen Sphären nicht mit übersinnlichen Dimensionen in Verbindung gebracht werden?
Und doch – wir alle kennen jene überbordende Sprachlosigkeit, die gefüllt ist mit all jenen Worten, die entweder durch Erschütterung oder Staunen nicht ausgesprochen werden können und eben gerade deshalb im Un-fass-baren, Verborgenen präsent wie Glut unter der Asche leuchten.
Und ebenso das Lied: Es ist dies eine menschliche Ausdrucksform, die uns zutiefst mit unseren Emotionen und dem ureigensten Klang unserer ganz persönlichen Stimme in Verbindung bringt. Daher blitzt auch in jeder individuellen Stimme, in jedem Lied, das angestimmt wird, immer auch etwas von der Sehnsucht des Individuums nach einer Resonanz auf, die – ob des Lärms der heutigen Zeit – vielleicht manchmal gar nicht wahrgenommen werden kann.
Victor Hugo prägte den Satz: „Musik drückt das aus, was nicht gesagt werden kann und worüber zu schweigen unmöglich ist."
Der semantische Pfeil unseres vermeintlich widersprüchlichen Titels weist also in Richtung eines Mysteriums, auf die Frage-

stellung des Kongresses selbst, die in ihrer Provokation gleich drei Interrogative nebeneinanderstellt:[78]

WAS ? WIE ? WENN OHNE?

Die fünf Kunstfilmminiaturen nähern sich diesen Kongressfragestellungen in fünf Schritten:

1. Erschütterung – Verschwunden
2. Dimensionen – Suche
3. Nacht
4. Identität – Wer bin ich
5. Verlassenheit – Feuer

Ursprünglich wäre im Rahmen des Kongresses ein Kulturabend in der Dresdner Hofkirche geplant gewesen, bei dem sich im ersten Teil der Dresdner Dichter Uwe Kolbe und Thomas Arnold, Direktor der katholischen Akademie, gemeinsam am genius loci dem Mysterium der Gottsuche dialogisch annähern wollten.

Pandemiebedingt musste der Abend ausfallen, und die Digitalisierung des Kongresses verlangte die Metamorphose eines Abendkonzeptes in das Format konzentrierter Kunstfilmminiaturen, die im Versuch eines Verwebens von Bildern, Lyrik, Mystik und Musik die Zuschauer auf anderer, vielleicht auf tieferer, unter Kopf und Verstand liegender Ebene anrühren sollten.

Auftakt, Ende und verbindende literarische Leitlinie der Kunstfilmminiaturen bilden Gedichte von Uwe Kolbe aus seinem 2017 erschienen Gedichtband PSALMEN.

„Dies sind die Psalmen eines Heiden, der Gott verpasste, weil keiner bei dem Kinde ging, der sagte, hörst du die Stimme?" – so liest man im Vorwort seines Gedichtbandes.

Jener metaphysischen „Stimme" nachzuspüren, sich nach Resignation, Erschütterung und innerem Aufbäumen (Paul Celan: Die Niemandsrose) in die atemberaubende Leere und Stille des

Hörenden und Empfangenden zu begeben, ist Anliegen des ersten Filmes.

Die französische Philosophin und Mystikerin Simone Weil (1909-1943) liefert in einem ihrer Hauptwerke „Das Unglück und die Gottesliebe" zutiefst berührende Einsichten:

„Die Seele muss fortfahren ins Leere hinein zu lieben, oder zumindest lieben zu wollen, sei es auch nur mit dem winzigsten Teil ihrer selbst.

Denn eines Tages naht sich Gott selbst und zeigt sich ihr und enthüllt ihr die Schönheit der Welt, wie dies bei Hiob der Fall war."

Die prachtvolle, historische Bibliothek des oberösterreichischen Stiftes Sankt Florian, ein Corpus Christi und Suchgänge auf der Innengalerie des Linzer Mariendoms sowie unterirdisch in der Krypta in Sankt Florian prägen die Bildebene des zweiten Kunstfilmes mit den Leitbegriffen „Dimensionen – Suche". Zu Beginn werden wir sogleich mit großen Gedanken von Teilhard de Chardin (1881-1955), Jesuit, Naturwissenschaftler und Philosoph konfrontiert:

„Gott fern, nah zugleich … seine bevorzugten Verstecke das große Leid und die große Liebe …"

Der Theologe und Dichter Kurt Marti verdichtet diese Dimensionen in seinem Gedicht:

„Großer Gott klein" und endet mit der Erkenntnis:

„Wozu dich suchen. Wir deine Verstecke."

Die fein schwingenden Worte des Dichters und Theologen Christian Lehnert führen dennoch die Suche poetisch im zweiten Film fort und münden in jene seines Dichterkollegen Uwe Kolbe, der fragend am Ende doch wieder verstummt.

Kurzfilm 3 mit dem Titel „Nacht" bildet Tiefpunkt und innere Mitte der Gesamtkonzeption. Eingeleitet vom Orgelstück des

Komponisten Joseph Bonnet mit dem Titel „Clair du lune" hören wir bewegende Tagebuchaufzeichnungen der inneren Nächte von Mutter Theresa. Wir nähern uns dem großen Mysterium, der Theodizeefrage, die uns in Tiefen hineinführt und wohl heute eine neue Form von Mystik in den Raum stellt.

„Der Christ der Zukunft wird ein Mystiker sein, oder er wird nicht mehr sein." (Karl Rahner)

In Kurzfilm 4 steht die Frage nach Identität – „Wer bin ich?" – im Fokus.

Das Gebet mit dieser Frage *„Wer bin ich"* von Dietrich Bonhoeffer aus seiner Zelle im KZ steht im Film auf der Bildebene in Kontrast zum Prunkraum des Marmorsaals im Stift St. Florian mit sich verändernden und überlagerten Perspektiven und Spiegelansichten.

„Wer ich auch bin, Du kennst mich, Dein bin ich, o Gott!"

Mit diesem Schlusssatz von Bonhoeffers Gebet wird nun auch im inneren dramaturgischen Zusammenhang der fünf Kurzfilme eine Aufwärtswende zu einer neuen Lichtdimension angestrebt, die wie durch einen Tunnel hindurch in die Zielgerade des letzten Filmes führt.

Kurzfilm 5 „Verlassenheit – Feuer" versucht, Dunkelheit und Lichtdimension zusammenzuführen. Feuer, das verzehrt und gerade dabei Licht und Wärme spendet.

Chiara Lubichs Schlüsseltext *Un solo sposo sulla terra* wirkt wie eine Lichtsuche:

„Ich werde durch die Welt gehen und ihn suchen, in jedem Augenblick meines Lebens ..."

Diese Textmeditation wird musikalisch begleitet von Astor Piazzolas „Ave Maria" (auch „Tanti anni prima" tituliert), ausgeführt auf Orgel und Bassklarinette.

Auch Edith Stein philosophiert über Faszinosum und Konsequenz eines vermeintlich dunklen Lichts.

„Tröste dich, du würdest mich nicht suchen, wenn du mich nicht gefunden hättest."

Dieser wunderbare Satz von Blaise Pascal soll kurz vor Vorhangfall des letzten Filmes Verwurzelung und stärkende Rückbindung (re-ligio) vernehmen lassen, bevor durch Uwe Kolbes Gedicht „An Dich" die Bitte bleibt:

„Lass nur den Weg mich, der noch bleibt, an deiner Hand zu Ende gehen."

Gedankt sei dem gesamten Künstlerteam der Filme:

- Katharina Vötter und Manuel Klein, die mit ihren wunderbaren Stimmen, den Texten Lebendigkeit, Nahbarkeit und Ausdruckskraft geschenkt haben.
- Anne Kaftan (Bassklarinette) und Jacobus Gladziwa (Orgel), die unter Corona-erschwerten Bedingungen ihre Musik mit viel Hingabe einspielten, und Tonmeister Gerald Höfler für das einfühlsame Zusammenfügen.
- Johanna Tschautscher und ihrem Kamerateam für die hervorragende Filmregie und -schnitt in Syntonie mit dem Gesamtkonzept.

Mögen diese Kunstfilmminiaturen Berührungsmomente schaffen, die bewegen und neue Räume auftun, in denen uns allen Licht begegnet.

Alle fünf Filme als Unterbrechungen:

Michael Triegel: Kreuzigung, 2001, Acryl, Öl auf Leinwand, 220 x 120 cm

Teil II: Gott verschwindet – und *will* das auch? Die *inneren* Veränderungen geistlichen Lebens

Stefan Tobler:
Gottferne als Gottes Gegenwart. Wegbereiterinnen des Glaubens im 20. Jahrhundert: Madeleine Delbrêl, Mutter Teresa von Kalkutta, Chiara Lubich

Julia Knop:
Die Kirche als Hindernis des Gottesglaubens?

Tomáš Halík:
Wie kann man heute von Gott reden?

Gottferne als Gottes Gegenwart
Wegbereiterinnen des Glaubens im 20. Jahrhundert: Madeleine Delbrêl, Mutter Teresa von Kalkutta, Chiara Lubich
Stefan Tobler

Vor mehr als 200 Jahren, im Jahr 1795, veröffentlichte der deutsche Schriftsteller Jean Paul einen kurzen Text mit dem Titel: „Rede des todten Christus vom Weltgebäude herab, dass kein Gott sei."[79] Als Albtraum eingekleidet wird darin in eindringlichen Bildern eine Horrorszene gemalt, wobei das erzählerische Material sich an die Sagen von Teufelsmessen auf Friedhöfen anlehnt. Jean Paul lebte in einer Zeit der späten Aufklärung, in der akademisch distanziert die Fragen nach der Existenz und dem Wesen Gottes erläutert und oft als nicht mehr relevant vom Tisch gewischt wurden, wobei manche dieser aufklärerischen Denker – wie Jean Paul es in der Einleitung seines Textes ausdrückt – „das Dasein Gottes so kaltblütig und kaltherzig erwägen, als ob vom Dasein des Kraken und Einhorns die Rede wäre"[80]. Dagegen will Jean Paul aufrütteln, und zwar mit dem Höchstmaß an dichterischer Energie. Er beschreibt einen Gottesacker mit allen Elementen des Grusels: Nebel, Schatten, offene Särge, schaurige Töne, Tote, die sich um einen Altar versammeln. Auf dem Zifferblatt der Ewigkeit ist statt der Zeit nur ein schwarzer Finger zu sehen. Inmitten dieser Szene des Schreckens erscheint Christus, aber keineswegs als Erlöser, sondern nur, um noch jeden möglichen Rest der Hoffnung wegzunehmen:

> „Jetzo sank eine hohe edle Gestalt mit einem unvergänglichen Schmerz aus der Höhe auf den Altar hernieder, und alle Todten riefen: ‚Christus! ist kein Gott?'. Er antwortete: ‚es ist keiner'."

Daraufhin erzählt dieser Christus, wie er durch alle Wüsten des Himmels geirrt sei und alles nur leer gefunden habe. Es erscheinen nun vor ihm gestorbene Kinder und fragen:

> „‚Jesus! haben wir keinen Vater?' – Und er antwortete mit strömenden Thränen: ‚wir sind alle Waisen, ich und ihr, wir sind ohne Vater.'"[81]

Das Weltall, aus dem Christus kommt, ist nur „starres, stummes Nichts", „ewige Nothwendigkeit", „wahnsinniger Zufall"[82]. Solche Ausdrücke mögen an sich nichts Neues sein; das Unerhörte bei Jean Paul ist aber die Zuspitzung, dass es der tote Christus selbst ist, der als von Gottes Nichtexistenz erschüttert dargestellt wird. Zum Friedhof kommt er nicht als Auferstandener, sondern als ebenso Toter wie alle Gerippe, die aus den Gräbern aufsteigen. Alle, inklusive Christus, sind nur erbärmliche Schatten – wenn man Gott wegdenkt. Jean Paul will aufrütteln – nicht zuletzt sich selbst.[83]

Damit sind wir mitten in unserem Thema. Das 20. Jahrhundert war ja wahrhaftig nicht frei von Erschütterungen, auch gerade für glaubende Menschen. In diesem Beitrag soll es aber nicht um allgemeine Entwicklungen gehen. Die Frage ist vielmehr: Welches ist der Widerklang *dieser* Welt in Menschen, die einen geistlichen Weg gewählt haben und ihr ganzes Leben aus der Perspektive ihres Glaubens verstehen und gestalten wollen?

Drei Frauen des 20. Jahrhunderts sollen in dieser Hinsicht beispielhaft beschrieben werden. Ihnen gemeinsam ist, dass es nicht nur um herausragende Zeugen des Glaubens geht, sondern dass alle drei auch eine Gemeinschaft gestiftet und geprägt haben: Madeleine Delbrêl, Mutter Teresa von Kalkutta, Chiara Lubich. Bei allen Gemeinsamkeiten stehen sie für je unterschiedliche Erfahrungen, wie sich die genannten Erschütterungen in ihrem geistlichen Weg widerspiegeln:

Die Welt ohne Gott um uns herum.
Die Welt ohne Gott in uns selbst.
Die Welt ohne Gott in Gott.

1. Madeleine Delbrêl (1904–1964) – die Welt ohne Gott um uns herum

Madeleine Delbrêl wusste, was es bedeutet, radikal von Gott Abschied genommen zu haben. Nach einer katholisch geprägten Kindheit distanzierte sie sich als Jugendliche radikal von aller Religion; Zeuge dafür ist ein eindringlicher kurzer Text, den sie 17-jährig schrieb und ihm den Titel gab: „Gott ist tot – es lebe der Tod"[84]. Angesichts dessen, dass alles Leben auf den Tod hinführt, wird – so schrieb sie damals – nicht nur der Glaube nichtig und überflüssig, sondern auch aller Idealismus. Atheismus ist für Delbrêl hier radikal zu Ende gedachter Nihilismus.

Die Gottesfrage ließ sie, die ehrlich Fragende und Suchende, aber nicht los, nicht zuletzt als ihr Freund sie verließ, um sich für ein Leben im Kloster zu entscheiden. Auch Madeleine ließ es zu, sich von Gott finden zu lassen, wie sie es selber ausdrückt. Sie suchte die Stille und das Gebet:

> „Seitdem habe ich lesend und nachdenkend Gott gefunden. Aber betend habe ich geglaubt, dass Gott mich gefunden hat, dass er die lebendige Wahrheit ist, die man lieben kann, wie man eine Person liebt."[85]

Die Bekehrung der 20-Jährigen leuchtete nicht zuletzt deshalb für sie so stark, weil sie davor so bewusst vor dem Dunkel und dem Tod gestanden hatte. Sie fand sich wie geblendet wieder, wie sie 1964 in ihrem letzten Lebensjahr schreibt:

> „Bekehrung ist ein entscheidender Augenblick, der uns abkehrt von dem, was wir über unser Leben wissen, damit wir, Aug in Auge mit Gott, von Gott erfahren, was er davon hält und daraus machen will. In diesem Augenblick wird Gott für uns zum Allerwichtigsten; wichtiger als jedes andere Ding, wichtiger als jedes Leben, selbst und vor allem das unsrige. […] Aber wenn diese Begegnung das blendende Hingerissensein unseres ganzen Ich zu Gott ist, dann muss sie, um völlig wahr zu sein, doch auch völlig dunkel sein. Den lebendigen Glauben haben heißt von ihm geblendet sein, um von ihm gelenkt zu werden; und es wird uns schwer, uns ihm, den man ‚das schwarze Licht' genannt hat, anzuvertrauen."[86]

Vom schwarzen Licht zu reden, bedeutet für Madeleine, dass das Leben im Glauben keine anderen Sicherheiten kennt als nur diese Gegenwart Gottes. Gott selber bleibt ein Geheimnis und ist doch eine Person, die man lieben kann. Er ruft hinein in ein Leben voll intensiver Aktivität. Gott kann nicht hinter Kirchenmauern verborgen bleiben. Er will die Menschen erreichen, die fern von ihm leben oder nichts von ihm wissen. Madeleine hört diesen Ruf, und so bildet sich eine erste Gemeinschaft von Frauen in Ivry, einem kommunistischen Vorort von Paris. Ihr Leben soll Antwort auf eine doppelte Not sein. Es ist die soziale Not von Menschen, die am Rand der Gesellschaft stehen – Madeleine engagiert sich in unzähligen, auch politischen Aktionen für die Rechte der Ausgestoßenen und Armen. Es ist aber auch die seelische Not. Menschen, die von Gott nichts wissen, sollen ihm begegnen – mitten im Alltag. Die Straße ist ihr Kloster:

> „Wir anderen, wir Leute von der Straße, glauben aus aller Kraft, dass diese Straße, dass diese Welt, auf die uns Gott gesetzt hat, für uns der Ort unserer Heiligkeit ist."[87]

Jede noch so einfache Handlung wird ihr zum Gebet, sodass es keine Unterscheidung mehr gibt zwischen Gebet und Aktion. Dies ist Präsenz der Kirche mitten in der Welt:

> „Je kirchloser die Welt ist, in die man hineingeht, umso mehr muss man Kirche sein. In ihr liegt die Mission, aber sie muss durch uns hindurchgehen."[88]

Mit den Kommunisten arbeitet sie zusammen, wenn es um die Linderung der Not geht. Sie grenzt sich aber ebenso deutlich ab, was deren Ideologie betrifft. In einem Vortrag aus dem Jahr 1960 beschreibt sie drastisch, dass die Abwendung ganzer Völker und Schichten von Gott nur als Finsternis beschrieben werden könne.[89] Ihr Dasein und damit ihren Ort in dieser Welt beschreibt sie als ein Sein zwischen zwei Abgründen und damit als ein Leben, das beständig der Bedrohung ausgesetzt ist:

> „Dieses Leiden des Herrn wird uns klarmachen, dass unser christliches Leben ein Schreiten zwischen zwei Abgründen ist. Der eine ist der ermessliche Abgrund des Verworfenseins Gottes durch die Welt. Der andere ist der unauslotbare Abgrund der Mysterien Gottes. Wir erfahren, dass wir auf der Mittelkante wandern, wo die Ränder dieser beiden Abgründe aufeinanderstoßen. Wir verstehen so, auf welche Weise wir Mittler sind und weshalb wir es sind."[90].

Auf diesem Hintergrund wird ein zentrales Stichwort der Spiritualität Madeleines verständlich: Einsamkeit. Der Einsiedler suchte einst Gottes Gegenwart in der Wüste, der Abwendung von der Welt, Madeleine aber mitten in der Stadt, mit ihrem Lärm, ihrer Not und ihrer Sünde:

> „Uns Leuten von der Straße scheint Einsamkeit nicht die Abwesenheit der Welt, sondern die Gegenwart Gottes zu sein. Dass wir überall Ihm begegnen, macht unsere Einsamkeit aus. Wahrhaft einsam sein, besagt für uns, an Gottes Einsamkeit teilnehmen."[91]

Die Straße mit ihrem praktischen oder auch ideologischen Atheismus ist dem wahren Glauben deshalb zuträglich, weil er ihn herausfordert und reinigt. Er ist aber auch immer angefochten, denn es scheint „sehr wohl ohne Gott zu gehen, und Gott scheint von nichts und von niemandem vermisst zu werden"[92].

Gott wird schon gar nicht mehr vermisst: Diese schmerzhafte Beobachtung galt für die kommunistische Umgebung Madeleines vor bald hundert Jahren, aber sie ist heute, in einer Konsum- und Technikgesellschaft, nicht weniger aktuell. Was macht das mit uns? Wie wirkt das auf uns? Der Glaubende kann dies als Ort der Bewährung sehen. Was aber, wenn die Leere um uns herum sozusagen in uns hineinklappt, die Finsternis zum Zustand unseres eigenen Innern wird? Diese Frage leitet zur zweiten großen Frauengestalt über, die diesen Überlegungen zugrunde liegt, zu Mutter Teresa von Kalkutta.

2. Mutter Teresa von Kalkutta (1910-1997) – die Welt ohne Gott in uns selbst

Als im Jahr 2007 ein Buch mit Briefen von Mutter Teresa an ihre geistlichen Begleiter erschien[93], war dies – je nach Perspektive – eine Sensation, ein Schock, ein gewaltiges Fragezeichen. Die stets lächelnde Ikone der Liebe und Hingabe an die Ärmsten hatte die letzten fast fünfzig Jahres ihres Lebens in innerer Dunkelheit gelebt – die Fröhlichkeit, schreibt sie, sei nur Deckmantel gewesen[94]. Sie gab weiter, was sie selbst schon längst nicht mehr spürte; nicht aus der Fülle, sondern aus der Leere teilte sie aus.

Kurz nach der Gründung ihrer Gemeinschaft wuchs in Teresa die Überzeugung, von Gott weggeworfen zu sein, und diese Überzeugung vermischte sich mit dem Zweifel, ob dieser Gott denn überhaupt real sei. Im Jahr 1959 schickte sie an ihren Beichtvater einen Text, der ihre innere Not schonungslos zum Ausdruck bringt:

> „Wenn ich versuche, meine Gedanken zum Himmel zu erheben – erlebe ich eine solch überzeugende Leere, dass diese Gedanken wie scharfe Messer zurückkehren und meine innerste Seele verletzen. – Liebe – das Wort – es bringt nichts. – Man erzählt mir, dass Gott mich liebt – jedoch ist die Realität von Dunkelheit und Kälte und Leere so überwältigend, dass nichts meine Seele berührt."

„Wenn es einen Gott gibt, verzeih mir bitte."[95]

Auf ihr Rufen und Beten antwortet niemand – so scheint es ihr über unendlich lange Jahre hinweg. Ihr Gebet richtet sich an einen Gott, dessen Wahrheit sie zwar mit dem Willen festhält, der ihr aber zugleich entgleitet. Wenige Monate nach dem oben wiedergegebenen Text verwendet sie Worte, die auf frappieren-

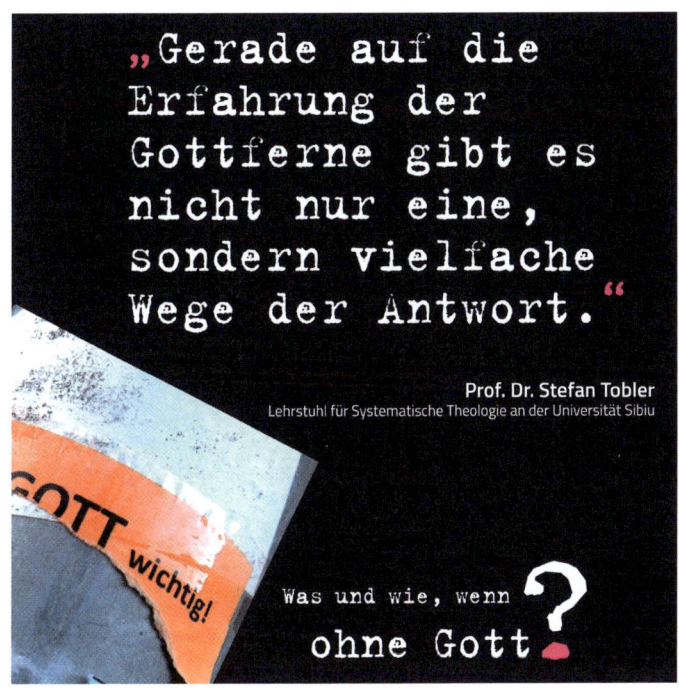

de Weise der Schreckensvision gleichen, die Jean Paul 150 Jahre zuvor dichterisch in Worte gefasst hatte. Teresa schreibt:

> „In meiner Seele fühle ich eben diesen furchtbaren Schmerz des Verlustes – dass Gott mich nicht will – dass Gott nicht Gott ist – dass Gott nicht wirklich existiert [...]. Wenn es keinen Gott gibt – kann es auch keine Seele geben. – Wenn es keine Seele gibt, dann Jesus – bist auch du nicht wahr. Der Himmel, welche Leere – kein einziger Gedanke an den Himmel dringt in meinen Geist ein – denn dort ist keine Hoffnung."[96]

Glaube, Liebe, Hoffnung – alles ist ihr abhanden gekommen. Was bleibt, ist die beständige, brennende Sehnsucht danach, die früher so starke Gemeinschaft mit Gott wieder erleben zu dürfen:

> „Nicht gewollt von Gott – abgewiesen – leer – kein Glaube – keine Liebe – kein Eifer. – Die Seelen ziehen mich nicht mehr an – der Himmel bedeutet nichts mehr – für mich schaut er wie ein leerer Platz aus – der Gedanke an ihn bedeutet mir nichts und gleichzeitig diese folternde Sehnsucht nach Gott."[97]

Was hielt sie all die vielen Jahre hindurch? Sicher war es der Gehorsam zu dem Ja, das sie ausgesprochen hatte: „Das einzige, was mich noch äußerlich aufrechthält – ist Gehorsam"[98]. Es war der Gehorsam gegenüber dem Privatgelübde, das sie 1942 mit Erlaubnis des Beichtvaters abgelegt hatte: Gott alles zu geben, ihm „nichts zu verweigern"[99]; und es war der Gehorsam jener Stimme gegenüber, die sie danach gehört hatte und die sie zur Gründung ihres Werkes aufgerufen hatte. Die Hoffnung, dass ihre Sehnsucht je wieder gestillt würde, hatte sie aber irgendwann nicht mehr. Sie lernte, mit der Dunkelheit zu leben, ja ansatzweise als Bestandteil ihres Rufes zu lieben und ihr damit einen gewissen Sinn zu geben, indem sie sie als (ganz kleinen) Teil des Schmerzes Jesu zu verstehen suchte.[100] Eher zwischen den Zeilen kommt noch ein weiteres dazu: die Gemeinschaft mit den Schwestern, über deren Wachstum und Hingabe sie sich freute und die ihr auf einer menschlichen Ebene doch auch ein Trost waren.

Ging es hier um jene dunkle Nacht, die manche Mystiker als Teil des Glaubensweges beschreiben, und der bei Mutter Teresa dann fast ein Leben lang gedauert hätte? Es liegt dem Autor dieser Seiten fern, darüber eine Aussage zu machen. Ein einziger Gedanke soll aber noch ausgedrückt werden, der eine Brücke des Verstehens schlagen kann. Der Anfang des Weges von Mutter Teresa, weg vom Schutz des Klosters hin zum Leben in Kalkutta, war ihr Wunsch, nicht auf einer westlichen Insel zu leben, sondern mit den Indern eine Inderin zu sein und auch nicht mehr zu besitzen als sie. Arm sein mit den Armen – sie wurde ernst genommen von dem, der sie rief; und dies viel mehr, als sie sich selber vorstellen konnte. Nicht nur das konkrete Elend der Welt hat sie geteilt[101], sondern deren Gottferne, deren ungelöschte brennende Sehnsucht, bis in ihr eigenes Innerstes hinein. „Wenn es eine Hölle gibt – dann müsste dies eine sein."[102] Die Welt ohne Gott war in ihr selbst.

Lässt Gott uns darin allein? Bleibt nur der heroische Gehorsam, den nur wenige aufbringen können? Oder hat die Welt ohne Gott vielleicht in Gott selber ihren Ort, und können oder müssen wir neu buchstabieren lernen, wer Gott ist? Mit dieser Frage sind wir bei der dritten Glaubensgestalt angekommen, bei Chiara Lubich.

3. Chiara Lubich (1920–2008) – die Welt ohne Gott in Gott

Am Anfang des geistlichen Weges von Chiara Lubich steht eine Begegnung, die ihr ganzes Leben prägen und tragen sollte; es wurde zum Glutkern, aus dem heraus alles andere erst verständlich wird, die weltweite Ausbreitung der Fokolar-Bewegung, das gesellschaftliche Engagement, der Dialog mit Menschen der unterschiedlichsten Glaubensrichtungen, die Betonung der Liebe und das Verständnis von Einheit.

Symbolisches Datum für den Beginn der Bewegung ist der 7. Dezember 1943, als sich Chiara mit einem Gelübde Gott weihte. Keine zwei Monate später kam es dann zu dieser entscheidenden Begegnung. Ein Ordensmann sagte ihr – eher beiläufig –, dass der Höhepunkt von Jesu Leiden der Moment gewesen sei, als er ausrief: „Mein Gott, mein Gott, warum hast du mich verlassen?" (Mk 15,34). Für Chiara war dies wie ein Ruf: Das ist der

Gott, dem sie sich geweiht hatte. Auf seine Liebe wollte sie antworten und ihm folgen, so wie er sich ihr zeigen sollte. Ein reiches Leben später erschien im Jahr 2000 das letzte Buch aus ihrer Hand. Es trägt den Titel: *Der Schrei (Il grido)*. Jesu Schrei der Gottverlassenheit drückt die Wehen aus, unter denen der Menschheit die Möglichkeit der Neugeburt geschenkt wird. Es sind Gottes Wehen, aber wir haben an ihnen teil, wenn wir in Verbindung mit ihm leben.

Gesù Abbandonato, Jesus der Verlassene: so nannte ihn Chiara seit 1944 immer. In diesem Namen hörte sie den Ruf der Welt in all ihrer Gottverlassenheit. Gott selbst – so ihre Überzeugung – hat all dies in Jesus auf sich genommen, aber nicht nur als einmaligen Moment der Erlösung in der Vergangenheit, sondern als Wahrheit in und hinter der ganzen irdischen Wirklichkeit. Gottes Menschwerdung ist hier und jetzt: Gott lässt sich inmitten der Menschheit gerade da finden, wo sie am weitesten von ihm entfernt scheint, in Sünde und Leid. Die Antwort des Glaubens ist der konkrete Einsatz für jeden Nächsten, eine Antwort der Liebe auf Gottes verborgene Präsenz. Dies bedeutete für Chiara aber nie nur Aktion, sondern immer ein Doppeltes: einerseits der Ruf in die Nachfolge und damit die Ermöglichung der Liebe und der Gottesbegegnung, andererseits ein Schlüssel des Verstehens, der die Sicht auf Gott und auf die Welt grundlegend verändert. Der Name *Jesus der Verlassene* prägte Lebensvollzug und Denken.

Der Lebensvollzug: Für Chiara und mit ihr die Fokolar-Bewegung ist er immer mit dem Stichwort der Einheit verbunden – Einheit als eschatologischer Zielpunkt der ganzen Schöpfung, Einheit als Möglichkeit der Gemeinschaft unter den Menschen inmitten aller denkbaren Verschiedenheit. Eine junge, zutiefst katholisch gläubige Frau aus dem vorkonziliären Trient kam dazu, mit ihrer

Spiritualität Menschen aus allen christlichen Denominationen zu erreichen, mehr noch: Eingang zu finden in buddhistische Klöster in Thailand und unter afroamerikanische Muslime in den USA, ja sogar Menschen ohne religiöse Überzeugung auf ihrem Weg mit einzubeziehen. Diese Entwicklung hin zu einem immer weiteren Horizont ist nur verständlich, wenn man all dasjenige bedenkt, was für Chiara Lubich mit dem Namen *Gesù Abbandonato* verbunden ist. 1948 schrieb sie in einem Brief an einen Ordensmann:

> „Das Buch des Lichts, das Gott in meiner Seele schreibt, hat zwei Seiten: eine leuchtende Seite von geheimnisvoller Liebe: Einheit. Eine leuchtende Seite von geheimnisvollem Leid: Jesus der Verlassene. Es sind die zwei Seiten derselben Medaille."[103]

Einheit - so die Überzeugung Chiaras - ist die Gegenwart Gottes inmitten dieser Welt, oft genug im Dunkel verborgen, aber nicht weniger wahr. Es geht nicht darum, Gott irgendwo hinzubringen, sondern ihn zu entdecken unter dem Antlitz der Gottverlassenheit dieser Welt und in ihm die Wurzel und Quelle jener Liebe zu finden, die immer neu Brücken baut: kleine Flammen österlichen Lebens. Die Medaille mit den zwei Seiten ist die Einheit von Karfreitag und Ostern, sie ist die Möglichkeit des christlichen Lebens mitten in dieser Welt. Diese Möglichkeit ist wahr und real, weil der Karfreitag und mit ihm die Übernahme alles Dunkels durch Gott selbst zwar einen bestimmten geschichtlichen Moment bezeichnet, aber kein vergangenes Ereignis ist, sondern seinen Ort bleibend in Gott selber hat: Der Auferstandene trägt die Wundmale der Kreuzigung.

Dieses Verständnis der Erlösung verändert das Denken, verändert die Sicht auf die Welt und das eigene Leben. Rückblickend, in einem Buch von 1984, beschrieb Chiara nach der Durchsicht von Briefen aus den ersten Jahren der entstehenden Bewegung ihren Eindruck,

> „[...] dass diese Liebe zu Jesus dem Verlassenen wie ein Feuer in unser Herz eingetreten war und es mit seiner explosiven Kraft durchdrungen hatte; ein Feuer, das alles verschlingt und nichts übriglässt – wie eine göttliche Leidenschaft, die Herz, Vernunft und alle Kräfte mitreißt und einbezieht, wie ein Blitz, der erleuchtet. Wir sahen. Wir verstanden. Es waren Ströme von Licht."[104]

Diese Ströme von Licht bündelten sich im Leben von Chiara in der Phase einer besonderen mystischen Erfahrung in den Jahren 1949 und 1950, bekannt geworden unter dem Namen *Paradies '49*.[105] Sie sprach selbst von *intellektuellen Visionen*, die ihr Verständnis von Gott und dessen Beziehung zur Schöpfung betrafen, aber besonders auch das Heilswerk, von dem auch in jenen Texten immer unter dem Namen Jesus der *Verlassene* die Rede ist. Dieser Name steht nicht nur für Gottes erlösendes und heilendes Wirken, sondern für das Wesen Gottes selbst. Jesus der Verlassene und mit ihm die ganze Welt, die er in sich trägt, ist in Gott selbst aufgehoben, ja als das eine Wort Gottes (Verbum, Logos) ist er der innerste Kern der Trinität. Er ist – wie Chiara es nennt – *il Nulla-Tutto dell'amore*, das „Nichts-Alles der Liebe"[106], und gibt damit zu verstehen, was Liebe überhaupt ist: Dann, wenn sie sich verschenkt, ist sie ganz bei sich. *Gesù Abbandonato* ist also beides, das Innerste Gottes und das Äußerste der Welt.

Aus dieser Prägung hat Chiara ihr Leben lang gelebt. In einem der dichtesten Texte jener Zeit von 1949 drückt sie es so aus:

„Ich habe nur einen Bräutigam auf Erden: Jesus den Verlassenen. Ich habe keinen Gott außer ihm. In ihm ist das ganze Paradies mit der Dreifaltigkeit und die ganze Erde mit der Menschheit. Was sein ist, ist darum mein, sonst nichts. Und sein ist das Leid der ganzen Welt – und deshalb auch mein. Ich werde durch die Welt gehen und ihn suchen in jedem Augenblick meines Lebens."[107]

Bräutigam. Suchen. Es sind die klassischen Bilder der Mystik – und doch hier wiederum anders gewendet. Weil das Äußerste der Welt zugleich das Innerste Gottes ist, ist jeder Ort in dieser Welt der privilegierte Ort der Vereinigung mit dem Bräutigam – mit diesem Gott, keinem anderen. Und dieser Gott ist gerade dort er selbst, wo alles von seinem Gegenteil zu sprechen scheint: im Leid, in der Sünde, ja in der Hölle, wie es Chiara im weiteren Verlauf jenes selben Textes in paradoxer Wendung ausdrückt.

Es sind keine leicht hingeworfenen Sätze, sondern konzentrierter Realismus. Ja, diese Welt ist so, und wir wollen sie nicht schönreden. Aber es ist nicht das letzte Wort – denn es ist die von Gott geliebte, von Gott durchdrungene Welt.

Die Nacht gehört zum Licht – das war Chiara gerade auch in der Zeit der mystischen Intuitionen von 1949 deutlich. Anknüpfend an Johannes vom Kreuz, der von der Nacht der Sinne und des Geistes spricht, schreibt sie dort, dass auf ihrem Weg noch ein Drittes dazukomme: „die dunkle Nacht Gottes", „das Auslöschen Gottes"[108]. Sie hat eine solche Nacht in einzelnen Phasen ihres Lebens selbst durchlebt, zuletzt noch in den Jahren vor ihrem Tod, in denen das Licht erlöscht zu sein schien. Sie war mit ihrem Bräutigam ganz eins geworden.

Zum Abschluss

Viel ist diesen drei bedeutenden Frauen gemeinsam, über die vergleichbaren Lebensdaten hinaus. Sie alle widerspiegeln in ihrem geistlichen Weg die Dramatik der Entwicklungen des 20. Jahrhunderts, wenn auch in sehr unterschiedlichen Kontexten. Das, was der Schriftsteller Jean Paul ahnend und vorgreifend in seinem Albtraum beschrieb, ist im vergangenen Jahrhundert nur allzu oft zur erdrückenden Erfahrung vieler geworden: dass von Gott überhaupt keine Rede mehr ist, oder zumindest dass aus der Religion, wie sie überliefert war, kein Trost mehr erwuchs. Alle drei haben auf unterschiedliche Weise genau diese Gottferne der Welt in ihren eigenen Glauben aufgenommen, oder genauer: sie auch existentiell auf sich genommen. Sie durchlebten selbst, was sie sahen, sie waren Teilnehmer, nicht Zuschauer. Bei jeder dieser drei Frauen habe ich in der Überschrift einen Akzent gesetzt: Die Welt ohne Gott um uns herum, die Welt ohne Gott in uns selbst, die Welt ohne Gott in Gott. Diese Zuordnung ist natürlich nicht ausschließend zu sehen, denn bei näherem Hinsehen würden sich bei allen dreien wohl alle Elemente wiederfinden – allerdings gewiss in unterschiedlicher Gewichtung. Die Formen der Spiritualität, die von ihnen geprägt wurden, waren und sind sehr unterschiedlich. Das ist ein Zeichen der Hoffnung: gerade auf die Erfahrung der Gottferne gibt es nicht nur eine, sondern vielfache Wege der Antwort – einer Antwort, die sich aber nicht im Spiel der Gedanken, sondern nur im konkreten Lebensvollzug als tragfähig erweisen kann.

Das Video vom Vortrag im Rahmen
des Kongresses „Was und wie, wenn ohne Gott":

Sr. Anna Mirijam Kaschners Reaktion
auf den Vortrag von Prof. Dr. Tobler:

Schwarz: als Zeichen der Verstörung über sexuelle Gewalt in den Reihen der Kirche und den Umgang damit

Die Kirche als Hindernis des Gottesglaubens?
Julia Knop

Distanznahme: Gott und die Kirche

Kennen Sie Hanns Dieter Hüsch, den Kabarettisten vom Niederrhein? Er ist 2005 im Alter von 80 Jahren verstorben. Hüsch hat zu allen möglichen Themen und Fragen Texte geschrieben und in Szene gesetzt. Johannes Rau, langjähriger Ministerpräsident von Nordrhein-Westfalen (1978–1998) und Bundespräsident der BRD (1999–2004), nannte ihn einmal den „Poet[en] unter den Kabarettisten", der „lieber Prediger als Agitprop"[109] sei. Dieser Kabarettist, Dichter und Prediger Hüsch lebte auf „Gottes liebstem Fleckchen Erde": im Rheinland. Zumindest würde der durchschnittliche Kölner das so sehen. Dort, am Rhein, antwortete man, wenn man nach seiner Religion gefragt wird, lange Zeit: „normal", und das bedeutete: katholisch. Rheinisch-katholisch. Schmunzelnd-katholisch. Melancholisch-katholisch. Geerdet-katholisch. Der (die) Rheinländer(in) an sich liebt die Aussicht auf den Dom und lässt den lieben Gott einen guten Mann sein; den Erzbischof auch, ob er nun Höffner, Meisner oder Woelki heißt. Mittlerweile ist die Erzdiözese Köln in Deutschland und darüber hinaus allerdings zum Symbol einer Kirchenkrise geworden, die manch eine(n), ob Gemeindemitglied, im kirchlichen Dienst stehend oder in der religiösen Bildungsarbeit tätig, an der römisch-katholischen Kirche regelrecht verzweifeln lässt.[110] „Dat Wasser vun Kölle es jot", singt man in Köln am Rhein – doch das Weihwasser ist vielen bitter geworden – nicht nur in Köln am Rhein.

Schon vor über 30 Jahren, lang bevor irgendein Kirchenmann in Köln oder andernorts „rückhaltlose Aufklärung" kirchlicher Schuld versprach, dichtete (bzw. predigte) Hanns Dieter Hüsch in diesen Worten:

> Als die Nachricht um die Erde lief, Gott sei aus der Kirche ausgetreten, wollten viele das nicht glauben. „Lüge, Propaganda und Legende", sagten sie, bis die Oberen und Mächtigen in der Kirche sich erklärten und in einem sogenannten Hirtenbrief Folgendes erzählten:
>
> „Wir, die Kirche, haben Gott, dem Herrn, in aller Freundschaft nahgelegt, doch das Weite aufzusuchen, aus der Kirche auszutreten und gleich alles mitzunehmen, was die Kirche schon immer gestört. Nämlich seine wolkenlose Musikalität, seine Leichtigkeit und vor allem Liebe, Hoffnung und Geduld. Seine alte Krankheit, alle Menschen gleich zu lieben, seine Nachsicht, seine fassungslose Milde, seine gottverdammte Art und Weise, alles zu verzeihen und zu helfen, – sogar denen, die ihn stets verspottet; seine Heiterkeit, seine Komik, großzügig bis zur Selbstaufgabe, sein utopisches Gehabe, seine Vorliebe für die, die gar nicht an ihn glauben, seine Virtuosität des Geistes überall und allenthalben, auch sein Harmoniekonzept bis zur Meinungslosigkeit, seine unberechenbare Größe und vor allem seine Anarchie des Herzens – usw. […] Darum haben wir, die Kirche, ihn und seine große Güte unter Hausarrest gestellt, äußerst weit entlegen, dass er keinen Unsinn macht, und fast kaum zu finden ist."
>
> Viele Menschen, als sie davon hörten, sagten: „Ist doch gar nicht möglich! Kirche ohne Gott? Gott ist doch die Kirche! Ist doch eigentlich gar nicht möglich! Gott ist doch die Liebe, und die Kirche ist die Macht, und es heißt: ‚Die

Macht der Liebe!' Oder geht es nur noch um die Macht?!"
Andere sprachen: „Auch nicht schlecht, nicht schlecht;
Kirche ohne Gott! Warum nicht, Kirche ohne Gott!? Ist
doch gar nichts Neues, gar nichts Neues! Gott kann sowieso nichts machen. Heute läuft doch alles anders. Gott
ist out, Gott ist out! War als Werbeträger nicht mehr zu
gebrauchen." Und: „Die Kirche hat zur rechten Zeit das
Steuer rumgeworfen." „Kirche ohne Gott!", das ist der
Slogan.

Doch den größten Teil der Menschen sah man hin und her
durch alle Kontinente zieh'n, und die Menschen sagten:
„Gott sei Dank! Endlich ist er frei. Kommt, wir suchen
ihn!"[111]

Gehen wir diesem Text von Hanns Dieter Hüsch ein wenig nach,
denn er bringt uns mitten ins Thema: Die Kirche, so Hüsch, kündigt Gott die Freundschaft. Sie entzieht all dem, was Gott ausmacht, was den Glauben schön macht und das Leben reicher
– „Liebe, Hoffnung und Geduld", dazu noch „Virtuosität des Geistes" und „Anarchie des Herzens" – das Hausrecht. Sie jagt ihn,
den Herrn der Herrlichkeit, den Schöpfer und Vollender vor die
Tür. Die Kirche drückt Gott, im Bild gesagt, einen Auflösungsvertrag in die Hand. Ob Gott sich darin zur Verschwiegenheit
verpflichten musste? Ob er unterschreiben musste, dass von
ihm kein Mensch erfahren werde, dass die Kirche und er sich
im Streit, aufgrund unüberbrückbarer Differenzen, getrennt
haben? Dass dies im Wissen darum geschah, dass diese Differenzen keine der beiden Seiten, weder Gott noch die Kirche, gut
dastehen ließen? Denkbar wäre es. Was für eine Vorstellung, die
in Hüschs Text anklingt: dass die Kirche, die doch eigentlich Gott
erfahrbar machen will, sich selbst sogar über Jahrhunderte für
unentbehrlich erklärt hatte, dem Herrgott die Gefolgschaft

kündigt und sich selbst ohne Not von der Quelle des Heils abschneidet. Eine solch ungeheuerliche Vorstellung kann wohl nur ein Kabarettist aussprechen. Hüsch schließt allerdings mit berührenden, nachdenklich stimmenden Worten: „Den größten Teil der Menschen sah man hin und her durch alle Kontinente zieh'n, und die Menschen sagten: ‚Gott sei Dank! Endlich ist er frei. Kommt, wir suchen ihn!'"

Distanznahme: Menschen in der Kirche

Hanns Dieter Hüsch war kein Theologe. Das muss man auch nicht sein, um das Problem, das er anspricht, zu kennen, sei es aus eigener Erfahrung, sei es aus der Beobachtung: das Problem eines *ekklesiogen bedingten Gottesverlusts*. Ohne Fachvokabular gesagt: das hausgemachte Gottvermissen. Hüsch thematisiert einen Gottesverlust, der auf das Konto der kirchlichen Institution geht. Er spricht die Erfahrung von Gläubigen an, die denjenigen, die Gottes Wort im Munde führen und seine Sakramente feiern, einfach nicht mehr glauben können. Die Erfahrung, dass *kirchliche* Wirklichkeit einem Menschen vielleicht nicht Gott, aber den *Glauben* austreiben kann und vielen bereits ausgetrieben hat – den Glauben im Sinne einer spirituellen, kulturellen und sozialen Beheimatung in Formen und Riten, Worten und Liedern, Menschen und Gemeinschaften. All das, was unseren Glauben sichtbar, greifbar, man könnte auch sagen: all das, was ihn menschlich und menschenmöglich macht. Hüsch spricht eine Erfahrung an, die auch heute vielen geläufig sein dürfte: die Erfahrung, dass kirchliche Praxis nicht nur nicht immer und nicht allen dabei hilft, Gott zu finden – also dass nicht jede(r) mit den aktuell gepflegten Traditionen, Lehren und Riten seiner Kirche etwas anzufangen weiß –, sondern dass die Realität dieser Kirche, ihre institutionelle Verfasstheit und ihr pastorales

Programm, die eigene Gottsuche regelrecht verhindern kann. Die Erfahrung, dass mit dem Verlust eines kirchlichen Grundvertrauens auch die kirchliche Form des eigenen Gottesglaubens brüchig werden kann. Gegenwärtig verlassen Menschen die Kirche, weil ihnen ihr Glaube heilig ist. Sie treten aus der Kirche aus, um ihren Gott nicht zu verlieren. Sie suchen Gott jenseits kirchlicher Formate, weil ihnen das kirchliche Weihwasser bitter geworden ist und sie vielen Vertretern dieser Kirche keinen Glauben mehr schenken mögen.

Hanns Dieter Hüsch hob 1988 auf eine Differenz und Distanz von Kirche und Evangelium, amtlicher Predigt und Gottes Verheißung ab, die Gott buchstäblich vor die Kirchtür treiben könne. Drei Jahrzehnte später ist die Situation durch das, was, reichlich verharmlosend, „Missbrauchskrise" genannt und durch eine eklatante Aufklärungs- und Aufarbeitungskrise weiter verschlimmert wird, massiv verschärft. Wenn wir 2021 über das Verschwinden und den Verlust Gottes nachdenken, müssen wir ehrlich und ernsthaft auch über den Faktor Kirche nachdenken und darüber, inwiefern eine zutiefst schuldig und unglaubwürdig gewordene Institution den Verlust Gottes im Glauben der Menschen befördern kann.

2018 waren in Deutschland die Ergebnisse der sogenannten MHG-Studie publiziert worden.[112] Ein Forschungskonsortium hatte im kirchlichen Auftrag auf kirchlicher Akten- und Interviewbasis Ausmaß und Qualität von sexualisierter Gewalt und ihrer Vertuschung durch Kleriker der römisch-katholischen Kirche offengelegt. Die Ergebnisse waren erschütternd: Im Untersuchungszeitraum von 1946 bis 2014 fanden sich in den kirchlichen Personalakten von ca. 5% der Diözesanpriester, also in der Akte jedes 20. Priesters, Hinweise darauf, dass er des sexuellen Missbrauchs Minderjähriger beschuldigt wurde.

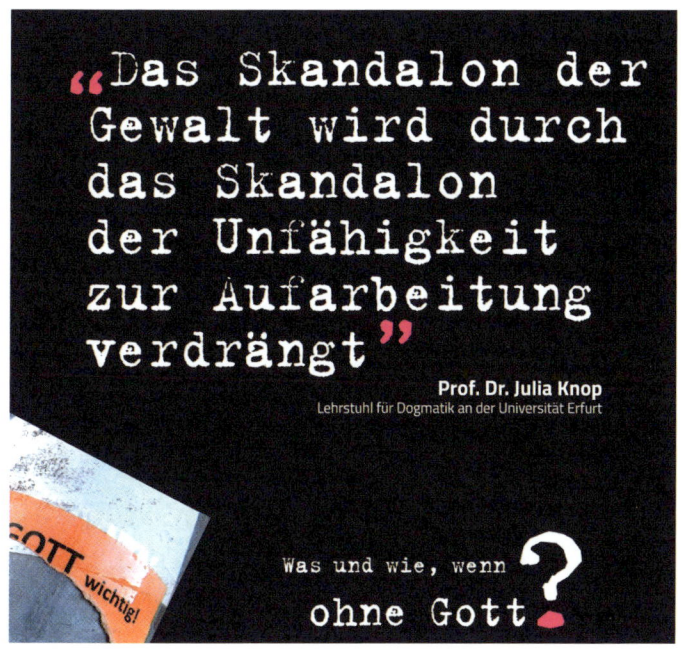

Das ist lediglich eine untere Schätzgröße, denn die Daten, mit denen die Forscher(innen) arbeiten konnten, stammten aus hauseigenen kirchlichen Akten, die vielfach unprofessionell geführt, unvollständig waren und in Teilen wohl auch aktiv manipuliert worden sind. Seit der MHG-Studie ist eine Reihe weiterer Studien in Arbeit, die teilweise bereits abgeschlossen und veröffentlicht worden sind. Historiker(innen), Jurist(inn)en und Journalist(inn)en recherchieren, analysieren und beurteilen Fakten und systemische Faktoren. So unterschiedlich der fachliche Ansatz und das Erkenntnisinteresse der Studien ist – allüberall kommen systemische Mängel ans Licht, die die institutionelle und organisatorische Ebene von Leitung und Verwaltung ebenso wie die theologische und ideelle Ebene des kirchlichen Selbstverständnisses, besonders der kirchlichen Amtstheologie, betreffen. Ein Grundproblem der Aufarbeitung kirchlicher Schuld hat Doris Reisinger kürzlich so auf den Punkt gebracht: „Die Kirche kann Missbrauch von ihrer inneren Logik her nicht denken, weil sie Selbstbestimmung nicht denken kann."[113] Anstelle der Achtung der Integrität und Würde eines und einer jeden stand – und steht vielfach wohl noch immer – die Vorstellung einer objektiven, von persönlicher Schuld kirchlicher Repräsentanten unabhängig bestehenden Würde und Heiligkeit des ordinierten Amtes und der kirchlichen Institution. Systemschutz siegt(e) in der römisch-katholischen Kirche wohl auch deshalb immer wieder über den Schutz der Betroffenen. Der „Mitbruder im geistlichen Amt" blieb, selbst wenn er zum Täter wurde, dem verantwortlichen Kleriker in der Bistumsleitung womöglich auch deshalb oft näher als dessen Opfer: näher und (im schlechten Sinne) schutzbedürftiger als der traumatisierte Erwachsene, dem als Kleinkind sexualisierte Gewalt widerfahren ist; näher als die Ordensfrau, die manipulativer geistlicher Begleitung ausgesetzt ist; näher als die kirchliche Angestellte, die endlich den Mut aufbringt zu erzählen, was ihr über Jahre widerfahren ist.[114]

Das Jahr 2018 ist zu einer Zäsur geworden, was die öffentliche Wahrnehmung von Kirche angeht, aber auch, was das persönliche Verhältnis vieler Menschen zur Institution betrifft, in der sie oft jahrzehntelang ihre geistliche Heimat gefunden hatten. Das kirchliche Grundvertrauen vieler Katholik(inn)en (nicht nur) in Deutschland scheint seither im Kern erschüttert zu sein. Diese Erfahrung teilen seit 2018 auch Menschen, die sich – eigentlich – zutiefst mit ihrer Kirche verbunden wissen, deren Glaube in dieser Kirche gewachsen ist, die sich privat und manchmal auch beruflich diesem kirchlichen Glauben verschrieben haben. Glaubwürdigkeit und Bindekraft der kirchlichen Institution sind derzeit bis in den Kreis der hochaffinen und sogar der hochbetagten Kirchgänger(innen) grundlegend irritiert. Maria 2.0[115], die „Voices of faith"[116], öffentliche Stellungnahmen von Diözesanräten, Pfarreien, Jugendverbänden, Religionslehrer(innen) und anderen geben dieser Veränderung eine Stimme. In schriftlichen Zeugnissen und persönlichen Begegnungen artikulieren Menschen, die privat und oft auch beruflich eng mit ihrer Kirche verbunden sind, einen gemeinsamen Eindruck: Vieles, was sie sonst an kirchlichen Gepflogenheiten zwar stören, aber nicht grundlegend verstören konnte, steht nun, seit der Bewusstwerdung des Ausmaßes klerikalen Missbrauchs und Systemschutzes, in einem neuen Licht. Im Symboljahr 2018 ist eine Ahnung entstanden, dass im System selbst etwas nicht in Ordnung sein könnte; dass es bei Machtmissbrauch, spiritueller Manipulation und sexualisierter Gewalt durch Kleriker womöglich nicht nur um prekäre Einzelfälle, nicht nur um ein paar schwarze Schafe geht. Es ist eine Ahnung entstanden, dass in den Geschichten gebrochenen Lebens derer, die Gewalt und Missbrauch erfahren haben, etwas sichtbar werden könnte, das im kirchlichen System selbst angelegt, darin zumindest nicht wirksam verhindert wird. Eine Ahnung davon, dass klerikale Strukturen, amtstheologische Konzepte und priesterliche Spiritualitäten in der römisch-katholischen Kirche womöglich die Nicht-Achtung oder sogar Missachtung der Integrität der Gläubigen befördern könnten; dass mithin die Kirche selbst zum Störfaktor und Hindernis eines religiösen Grund- und Gottvertrauens werden kann.

Was die MHG-Studie ausgelöst hat, war kein kurzer, heftiger Sturm, nach dem die Sonne wieder scheint und alles wieder gut ist. Mit ihren Ergebnissen ist ein Riss in der kirchlichen Identität und Verbundenheit zahlreicher Katholik(inn)en aufgebrochen, der mit jeder neuen Recherche kirchlicher Gewalttaten an Kindern, Jugendlichen und (Ordens-)Frauen weiter einreißt, egal wie viele Jahrzehnte seither vergangen sein mögen. Hinzu kommt: Es erschüttern und erzürnen nicht nur die großen, spektakulären Fälle, die detailliert recherchiert in der Zeitung oder in einer wissenschaftlichen Studie stehen. Es scheint ein Damm gebrochen zu sein. Plötzlich sprechen Menschen von ihren Erfahrungen. Plötzlich werden ihnen viele kleine Grenzüberschreitungen und Manipulationen bewusst, die sie selbst als Jugendliche oder Erwachsene im kirchlichen Kontext erlebt und erlitten haben. Es ist erschreckend: Fast alle können von solchen Erfahrungen erzählen oder kennen jemanden, dem (der) solches widerfahren ist. Manch einem(r) wird erst heute bewusst, dass es Missbrauch war, was er (sie) erlebt und über Jahre nicht ausgesprochen hat. Seit diese Vorgänge in der öffentlichen Wahrnehmung so präsent sind, gibt es ein Wort für individuelle Erfahrungen, nun kann er (sie) frühere Erlebnisse einordnen – und erschrickt.

Die Erschütterung angesichts der Zahlen, der konkreten Gewaltgeschichten, womöglich eigener verdrängter oder bisher nicht ausgesprochener Erfahrungen, aber auch angesichts einer so wenig spürbaren Erschütterung und mangelhaften Fähigkeit auf Kirchenleitungsebene, mit dieser Situation verantwortlich und transparent umzugehen, hält an. Die Austrittszahlen der Jahre 2019 und 2020[117] sprechen eine deutliche Sprache: In der römisch-katholischen Kirche zu bleiben, weiterhin im Dienst dieser Kirche zu arbeiten, ist hierzulande für manch eine(n) Gläubige(n), manch eine(n) Religionslehrer(in) oder kirchliche(n) Angestellte(n) zur Gewissensfrage geworden. Ist es noch zu verantworten, frohen Mutes und guter Hoffnung im Namen dieser Kirche zu sprechen und öffentlich für sie einzutreten, wie es jedem(r) Getauften und Gefirmten ans Herz gelegt, wozu jede(r) im kirchlichen Dienst Tätige beauftragt ist?

Kirchenkrise – Glaubenskrise?

Ist die Missbrauchskrise, die Aufklärungskrise, die Schuldkrise eher eine Krise der Kirche als Institution oder eher eine Krise des individuellen Glaubens? Seit Jahrzehnten arbeiten sich Reformer(innen) und Bewahrer(innen), Progressive und Konservative an dieser (vermeintlichen) Alternative ab. Wer von einer „Kirchenkrise" spricht, hat v. a. (prekäre) institutionelle Gegebenheiten im Blick. In dieser Perspektive müsste die Krisenanalyse strukturell ansetzen und Lösungen müssten auf gleicher Ebene wirksam werden. Macht und Machtstrukturen in der Kirche wären kritisch zu überprüfen und ggf. zu korrigieren.

Wer das entscheidende Moment der gegenwärtigen Krise hingegen im (schwachen) Glauben der Gläubigen oder im laschen Sittenleben der Kleriker erkennt, setzt anders an. In dieser Perspektive liegt der Fokus nicht auf dem Äußeren, sondern auf dem Inneren der Glaubensgemeinschaft, nicht auf Strukturen, sondern auf Mentalitäten. Wer angesichts geistlichen Missbrauchs und sexualisierter Gewalt v. a. den Glauben in der Krise sieht, setzt entsprechend auf Glaubenserneuerung und Evangelisierung und unterscheidet sorgfältig zwischen Tat und Täter, Institution und Botschaft, Anspruch und Wirklichkeit, Gott und Kirche. In dieser Wahrnehmung liegen Krise und ihre Lösung beim Individuum. Das macht vieles (vermeintlich) einfacher: Gott kann groß bleiben, der Glaube schön und die Kirche heilig.

Die hier bewusst schablonenhaft gezeichnete Alternativkonstruktion Kirchenkrise *oder* Glaubenskrise, Strukturreform *oder* Evangelisierung, ist alt, ebenso die Erkenntnis, dass sie weder zur präzisen Problemanalyse noch zur Lösung der Krise taugt. In der konflikt- und krisenbehafteten Situation, in der wir uns gerade befinden, kann diese Alternative sogar zynisch werden. Auch die Themen, die (nicht nur) beim Synodalen Weg diskutiert werden – prekäre Machtverhältnisse in der Kirche, Herausforderungen priesterlicher Existenz, die strukturelle Diskriminierung von Frauen in der Kirche und eine als veraltet empfundene kirchliche Sexualmoral – stehen schon seit mehreren Jahrzehnten zur Debatte. Es handelt sich um Symbolthemen, die offenlegen, ob die römisch-katholische Kirche bereit und in der Lage ist, den kulturellen Plausibilitäten und gesellschaftspolitischen Mindeststandards des 21. Jahrhunderts zu genügen oder ob sie sich stattdessen durch forcierte Exkulturation als kirchliche Sonderwelt neben der modernen Gesellschaft profilieren will.

Doch das ist nur die eine Seite. Es geht nicht um eine einfache Alternative von Innen oder Außen, persönlichem Glauben oder kirchlicher Institution, Restauration oder Aggiornamento. Es wäre banal, theologisch unterkomplex und pastoral leichtsinnig, die derzeitige Krise der Kirche und des kirchlich formatierten Gottesglaubens mit der ebenso simplen wie falschen Alternative „Zeitgeist versus Heiliger Geist" zu codieren. Denn in diesen Punkten – in Fragen der Macht, des Amtsverständnisses, der Geschlechteranthropologie und der Sexualität – wurden im Zuge der (beginnenden) Aufklärung und Aufarbeitung sexualisierter Gewalt durch Kleriker konfessionsspezifische Gefährdungsmomente identifiziert, die zu Missachtung und Gewalt gegen die Würde und Integrität der menschlichen Person im Namen und unter dem Dach der römisch-katholischen Kirche führen können. In diesem Zusammenhang liegen Anlass, Legitimität und Dringlichkeit der aktuellen Debatten, wie angesichts der immer wieder wahrzunehmenden Versuche betont werden muss, den synodalen Prozess oder Reformen insgesamt als „unkatholisch" zu delegitimieren.

Ob das Format „Synodaler Weg", das die römisch-katholische Kirche in Deutschland gewählt hat, ideal ist, ob die getroffenen Beschlüsse hilfreich sein werden, ob sie wirksam werden oder ob am Ende diejenigen recht behalten, die in diesem Gesprächsformat bloß eine Täuschung oder Strategie der Bischöfe sehen, die erhitzten Gemüter der Gläubigen zu beruhigen, ohne irgendeinen substanziellen Effekt zu zeitigen[118], wird sich mit der Zeit erweisen. Letzteres wäre in der Tat dramatisch.

Wichtiger als diese Debatte ist aber die ernsthafte inhaltliche Auseinandersetzung, die wirklich an den als Gefährdungsmomenten identifizierten Themen ansetzt. Es ist ehrlich zu fragen und zu analysieren: Wirkt die römisch-katholische Kirche so, wie sie derzeit gestaltet ist und sich verstanden wissen will, zum Heil der Menschen oder stiftet sie Unheil? Tut sie dem seelischen Wohlergehen der Menschen gut oder lässt sie zu, dass in ihr und durch ihre amtlichen Vertreter Seelen zerbrechen? Erschließt sie den ihr Anvertrauten das Himmelreich oder bedeutet sie ihnen die Hölle? Kann man sich in der Gemeinschaft der Kirche beherzt und frohgemut auf Gottsuche begeben oder sucht und findet man Gott zuverlässiger außerhalb ihrer Mauern? Steht die römisch-katholische Kirche als gesellschaftliche Institution für Gerechtigkeit ein oder duldet und forciert sie Ungerechtigkeit? Haben Gläubige, haben Kleriker, haben leitende Verantwortliche in der Kirche wirklich verstanden und verinnerlicht, dass es bei sexuellem „Missbrauch" nicht um den Priester geht, der gegen das Gebot der Keuschheit sündigt, sondern um ein Kind, einen Jugendlichen, eine Frau, in deren körperliche und seelische Integrität ein Kleriker brutal einbricht? Am

Ende läuft es immer wieder auf eine Frage hinaus: Steht Kirche für die unbedingte Würde eines(r) jeden ein – auch dann, wenn Priester zu Tätern werden, wenn dies der Reputation der Institution zum Schaden gereicht, wenn das Bekenntnis zur Achtung eines(r) jeden etablierte kirchliche Machtverhältnisse infrage stellt und kirchliche Selbstverständlichkeiten zu korrigieren fordert?

Sakramentalität der Kirche: Selbstverständnis und Anspruch

Kirchenkrise und Glaubenskrise taugen nicht dazu, gegeneinander ausgespielt zu werden. Das eine stärkt das andere und drückt sich in ihm aus. Warum ist das so? Was hat Kirche mit Glauben zu tun? Inwiefern hängen Struktur und Inhalt, Institution und Glaube, Bote und Botschaft so eng zusammen, dass sie einander ebenso stärken wie schwächen und dass, wenn das eine in die Krise kommt, auch das andere leidet? Wieso kann eine Kirchenkrise zur Glaubenskrise werden?

Bereits die Frage so zu stellen, ist sehr katholisch. Denn hier wird eine gedankliche Voraussetzung gemacht, die zwar keineswegs exklusiv römisch-katholisch ist, aber durchaus als typisch römisch-katholisch gelten darf: die Vorstellung der „Sakramentalität" der Kirche, des Glaubens, der Gemeinschaft der Gläubigen. Diese Vorstellung ist im Zuge der kirchlichen Erneuerung im Zweiten Vatikanischen Konzil (1962–1965) profiliert worden. Die Kirche sei, so heißt es programmatisch zu Beginn der Kirchenkonstitution Lumen Gentium, *veluti sacramentum*, d. h.: so etwas wie ein Sakrament. Das ist auf den ersten Blick ein merkwürdiger Vergleich. Denn ein Sakrament ist ein Gottesdienst, eine Performance, ein religiöses Ereignis. Die Brücke zum Verständnis dieser Aussage liegt darin, dass die Kirche als Ganze und ihre Sakramentenfeiern im Besonderen beide „Zeichen und Werkzeug *(signum et instrumentum)*" für etwas anderes sind bzw. sein sollen. Wofür? Für Gottesnähe, Gottesbegegnung, Gotteserfahrung – dafür, dass, wer Gott sucht, ihn in der Gemeinschaft der Gläubigen, in der Liturgie der Kirche, in der Feier der Sakramente, in der Verkündigung des Wortes Gottes, zuverlässig finden kann. Früher wurden die Kirche und die Sakramente sogar als *Heils*mittel und notwendige Bedingungen dafür bezeichnet, Gnade zu erlangen und in den Himmel zu kommen. Das Zweite Vatikanische Konzil spricht zurückhaltender von der Kirche und den Sakramenten als Heils*mysterium*. Die Kirche so ähnlich wie ein Sakrament zu verstehen bedeutet, dass sie ein Ort sein soll, wo Gemeinschaft zwischen den Menschen und Gemeinschaft der Menschen mit Gott glaubhaft werden soll. Das ist die Idee, das soll Kirche ermöglichen: Der Mensch erfährt Gottes Heil, er wird an Leib und Seele heil – einfacher gesagt: es geht ihm gut –, wenn zwischenmenschlich und zwischen ihm und Gott alles in Ordnung ist. Wenn von der Kirche als Zeichen und Werkzeug des Heils die Rede ist, ist also kein weltfernes, erst posthum erreichbares Seelenheil gemeint, auf das man in privater Frömmigkeit zusteuert. Es geht vielmehr um gemeinsamen Glauben, der tatsächlich als Anbruch des Gottesreichs, als Erfahrung göttlicher Zuwendung erlebt wird.[119]

In unsere heutige Sprache übersetzt bedeutet die Rede von der Kirche als „Zeichen und Werkzeug": Die Kirche als Gemeinschaft der Gläubigen soll Signalwirkung für Gott haben, der den Menschen zugewandt ist. Christ(inn)en sollen auf ihn verweisen, seine Nähe sichtbar, fühlbar, erlebbar machen. Wer Gott sucht und ein erfülltes Leben, soll in der Versammlung der Gläubigen Gleichgesinnte treffen können. Ihr Reden von Gott, ihr Beten zu Gott, ihr Zeugnis von Gott soll zu Herzen gehen, glaubhaft und verständlich sein. Denn ein Zeichen, das nicht spricht, ist bedeutungslos, genauso wie ein Zeuge, der nicht weiß, wovon er spricht. Ein Zeichen, das nicht nur nichts anzeigt, sondern sogar verzeichnet, worauf es eigentlich verweisen soll, wird zum Symbol der Täuschung. Ein Werkzeug, das nicht bewirkt, was es soll, das nicht hilft, sondern zerstört, ist nicht nur überflüssig, sondern kann sogar gefährlich sein.

Nimmt man dieses Selbstverständnis von Kirche ernst, wird klar: Der Anspruch der Kirche, „Zeichen und Werkzeug" des Heils zu sein, ein Raum, der Menschen vor Gott zusammenbringt und ihnen an Leib und Seele guttut, ist von Anfang bis Ende abhängig von seiner Bewährung im Leben. Die römisch-katholische Kirche in Analogie zu einem Sakrament zu beschreiben, heißt daher, ihre äußere Seite – Ämter, Strukturen, Riten – als Mittel auf Zeit und auf Bewährung zu denken. In früheren Zeiten war die „Gültigkeit" eines Sakraments, seine korrekte Ausführung, die Leitkategorie – heute ist es seine Glaubwürdigkeit, also die Resonanz, die es in einem Menschen hervorruft: Ob kirchliche Praxis und Vertreter der Kirche beim Einzelnen und in der Gesellschaft etwas zum Klingen bringen, das guttut und „zum Heil gereicht", oder kirchliches Handeln Entsetzen hervorruft und schreien lässt.

Wenn im Raum und im Namen der Kirche sexualisierte Gewalt und seelische Manipulation geschehen, ist das nicht nur das Gegenteil, sondern die Perversion dieser großartigen Verheißung der sakramentalen Bedeutung der Kirche, von der im Konzil die Rede war. Da wird das Gotteszeichen Kirche zur Karikatur, da degeneriert es zur Fratze. Da wird, was ein Schutzraum für heilsbedürftige Menschen sein soll, zur religiösen Gefahrenzone. Wo sexualisierte oder spirituelle Gewalt in der Kirche geschehen, wird kirchliche Wirklichkeit toxisch. Vertrauen erkaltet und Seelen werden gebrochen.

Da tritt, um noch einmal Hanns Dieter Hüsch zu zitieren, Gott aus der Kirche aus und geht auf Abstand zu seinen Vertretern auf Erden. Der Kabarettist vom Niederrhein hatte in seiner poetischen Predigt nicht nur eine Kirche ohne Gott beschrieben, sondern eine Kirche, in der die „Oberen und Mächtigen" der Kirche Gott aktiv vor die Tür getrieben haben. Ende der 1980er Jahre nahm Hüsch eine moralistische Verengung und Selbstüberschätzung von Klerikern auf's Korn: Gott werde vor die Kirchtür getrieben, weil kirchliche Repräsentanten seine „unberechenbare Größe", „seine Heiterkeit" und „seine gottverdammte Art und Weise, alles zu verzeihen", nicht mehr ertragen hätten und weil Gottes Großherzigkeit ihre Engherzigkeit sichtbar machte.

Was Gott heute aus der Kirche treibt und vielen Gläubigen den Glauben austreibt, greift tiefer als ein misanthropischer Moralismus einiger kirchlicher Autoritäten, die Gottes Güte veruntreuen. Davon könnte man sich wahrscheinlich leichter innerlich distanzieren und dennoch gern katholisch bleiben. Eine solche Kirchenkrise ließe sich mit festem Glauben irgendwie lösen. Solche Souveränität im Glauben fällt aber ungleich schwerer, wenn einem(r) bewusst wird, dass eine erhebliche Zahl kirchlicher Repräsentanten humane Werte konterkariert, die körperliche, seelische und spirituelle Integrität von Menschen beschädigt oder zerstört haben und dies im Schutz der Institution ungesühnt geschehen konnte.

Denn wir können und müssen zwar immer unterscheiden zwischen einer sichtbaren und einer unsichtbaren Dimension von Kirche, zwischen menschlicher und göttlicher Ebene, Institution und geistlicher Gemeinschaft (Lumen Gentium 8). Aber nach katholischem Selbstverständnis gibt es das eine nicht ohne das andere; beide Ebenen greifen ineinander, die menschliche soll die göttliche erschließen. Auch das gehört zu einem quasi-sakramentalen Kirchenbild. Das passt zu unserem Erleben: Wir kennen die Kirche, verstanden nicht bloß als Organisation, sondern als geistliche Heimat, nur als Kirche aus Menschen. Wir hören Gottes Wort nur aus dem Mund von Menschen, die ihm in Gebet und Verkündigung ihre Stimme leihen. Wir erleben Gottes Nähe nirgendwo anders als in unserem konkreten Leben. Wenn die menschliche Seite der Kirche die göttliche veruntreut, kann darüber auch das Gottvertrauen der Menschen zerbrechen.

Kommt, wir suchen ihn!
Hanns Dieter Hüsch hat in seinem Text die Geschichte von Gottes Austritt oder Exodus aus der Kirche als Befreiungsgeschichte erzählt. Sein vorletzter Satz lautete: „Gott sei Dank – endlich ist er frei." Doch dabei blieb es nicht. Der letzte Satz hieß: „Kommt, wir suchen ihn!"
Kommt, wir suchen ihn. Kommt, wir suchen IHN – ohne um jeden Preis das jetzige kirchliche Format des Glaubens retten zu wollen. Kommt, wir suchen Gott, solange die Frage nach ihm in uns etwas zum Klingen bringt, solange uns sein Wort an die Seele geht. Kommt, wir suchen ihn in seinem Wort und seinem Segen. Kommt, wir suchen ihn dort, wo Menschen einander gut sind und einander guttun, wo sie für ein Leben in Würde einstehen. Hüsch würde es vielleicht so ausdrücken: Kommt, wir suchen Gott da, wo man ein Gefühl bekommt für seine „Leichtigkeit und vor allem Liebe, Hoffnung und Geduld, […] seine Heiterkeit, […] großzügig bis zur Selbstaufgabe, sein utopisches Gehabe, seine Vorliebe für die, die gar nicht an ihn glauben, seine Virtuosität des Geistes überall und allenthalben, […] seine unberechenbare Größe und vor allem, seine Anarchie des Herzens". Kommt, wir suchen Gott da, wo glaubhaft wird, wofür Kirche (eigentlich)

steht, so sehr sie dies immer wieder konterkariert. In menschlichen Erfahrungen von Vertrauen, Trost und Nähe Gottes und der Mitmenschen „geschieht" Gottes Nähe, geschieht auch Kirche. Mehr Kirche braucht es vielleicht gar nicht. Es darf allerdings – und zwar um Gottes Willen! – auch nicht weniger sein.

Das Video vom Vortrag im Rahmen
des Kongresses „Was und wie, wenn ohne Gott":

Sr. Philippa Raths Reaktion auf
den Vortrag von Prof. Dr. Julia Knop:

Die Podcast-Episode bei „Mit Herz und Haltung":

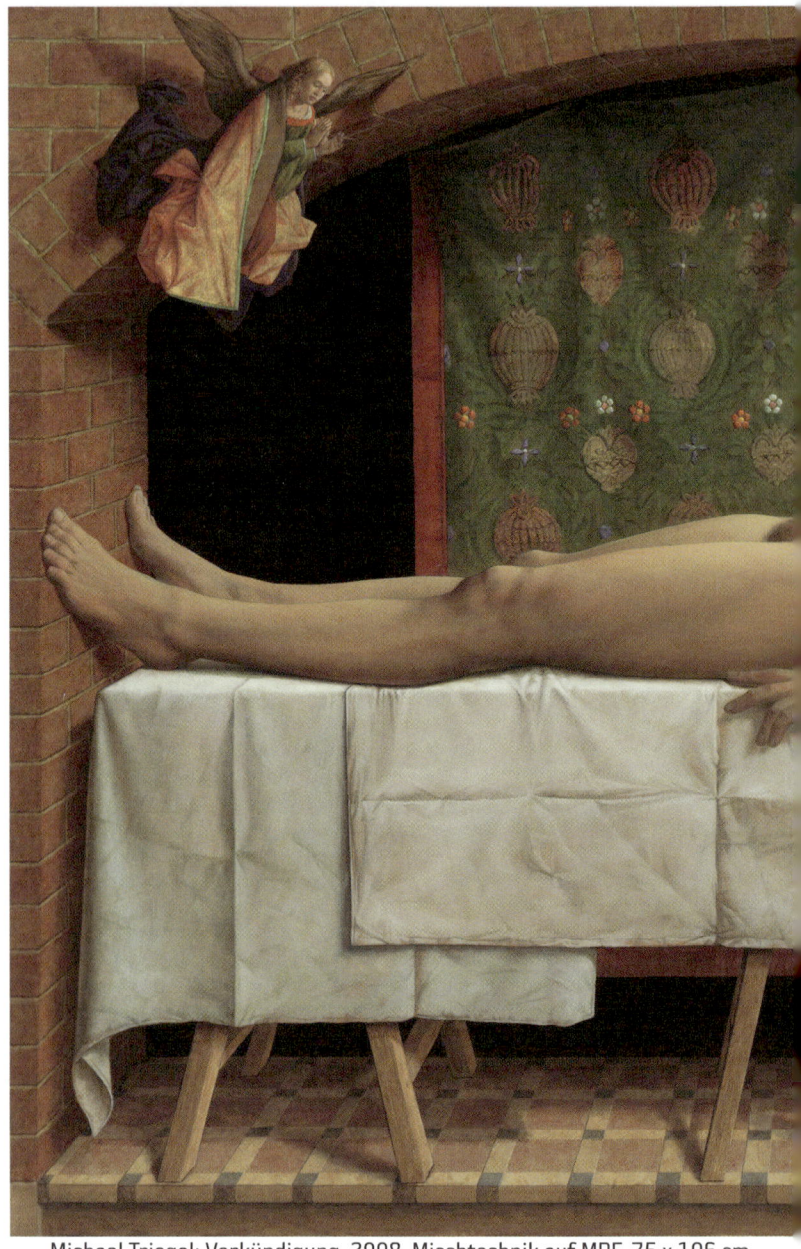

Michael Triegel: Verkündigung, 2008, Mischtechnik auf MDF, 75 x 106 cm

Wie kann man heute von Gott reden?

Tomáš Halík

Mir wurde eine Frage gestellt: Wie kann man heute überhaupt zeitgemäß an Gott glauben? Diese Frage selbst setzt bereits voraus, dass sich unser Glaube ändert. Man glaubt heute anders als gestern. Ja, antworte ich. Man glaubt in der Kindheit anders als in der Jugend, im Sommer des Lebens anders als im Alter; im Mittelalter anders als nach der Aufklärung; heute anders als im letzten Jahrhundert. Der Glaube hat seine Geschichte – sowohl in unseren individuellen Lebensgeschichten als auch in der Geschichte unserer Kulturen. Die Entwicklung des Glaubens ist kein einseitiger Fortschritt, sondern ein Drama des Suchens, Verlierens, Wanderns und neuer Begegnungen. Der Glaube hat einen dialogischen Charakter. Gott spricht zu uns durch die Geschichte, durch Ereignisse in der Welt und in uns. Der Glaube ist ein Weg, diese Rede zu verstehen und das geschichtliche Wort Gottes in die eigene Lebensgeschichte zu inkarnieren und integrieren.

Wie kann man heute überhaupt an Gott glauben? Wie kann man heute zeitgemäß von Glauben und von Gott reden? Und wie kann man heute „zeitgemäß" über Gott *schweigen* (denn auch das Schweigen ist eine bedeutende Form der Kommunikation)?

Die Aufgabe eines Theologen besteht darin, zu zeigen, dass die christliche Auffassung von Gott in der Verbindung von Transzendenz und Immanenz besteht, der Verbindung der Verborgenheit, Andersartigkeit, Distanz mit der unglaublichen Nähe Gottes.

Allem Anschein nach besteht das *erste* Wort, mit dem Gott zu denen spricht, die nach ihm fragen, heutzutage in der *Verborgenheit Gottes*, Gottes Schweigen. Es ist deshalb nicht allzu überraschend, dass viele beim Warten auf sein *zweites* Wort die Geduld verlieren und Atheisten oder Agnostiker werden; denn wir leben in einer Kultur der Ungeduld.

Die Erfahrung der „Abwesenheit Gottes in der Kultur" nehme ich als eine mögliche Begegnung mit *einem* der beiden Pole der christlichen Auffassung von Gott wahr, nämlich mit der Transzendenz Gottes, mit seiner Andersartigkeit und Nicht-Vorstellbarkeit. Dabei gebe ich mich nicht mit der erweiterten atheistischen Interpretation dieser Situation zufrieden, sondern bemühe mich um deren theologische Reflexion, näher hin um eine spirituelle Diagnose der Säkularisierung.

Ich wiederhole: Ich bin davon überzeugt, dass diese „Verborgenheit Gottes" heute jenes wichtige *erste* Wort Gottes an uns ist – und ich glaube, dass ihm ein *weiteres* Wort, die Begegnung mit der göttlichen Nähe, folgen wird.

Wo aber und wie lässt sich diese finden?

Die göttliche Nähe Gottes zu entdecken – oder überhaupt nach ihr zu fragen, setzt jedoch zunächst voraus, mit vollem Ernst und in der Tiefe seine Verborgenheit, seine Distanz am eigenen Leib zu verspüren und zu durchdenken. Ohne diese Erfahrung – eine Frucht harter Jahre – könnten wir den Gott des christlichen Glaubens leicht mit irgendeinem der banalen Götzen verwechseln, von denen die Auslagen und Stände der religiösen Verkäufer heute voll sind.

Wenn man das Charakteristikum der religiösen Erfahrung des Menschen der Spätmoderne benennen soll, dann besteht dies wohl darin, dass Gott keine evidente Wirklichkeit darstellt. Die Theologie musste (zunächst noch widerstrebend) die Vorstellung eines Gottes aufgeben, der sich unmittelbar hinter den Kulissen der Natur und der Geschichte befindet. Die Evolutionsbiologie machte die Vorstellung Gottes als einer unmittelbaren mechanischen Ursache der Geschichte, die wir die Welt und das Leben nennen, unglaubwürdig. Die Religionswissenschaft, die Geschichtswissenschaft und die Literaturwissenschaft widerlegten das Bild eines Gottes, der den heiligen Schreibern der Bibeltexte unmittelbar die Feder führte. Die Erfahrung der Tragödien der jüngsten Geschichte erschütterte das Vertrauen auf einen Gott, der unmittelbar das Orchester der menschlichen Gesellschaft dirigieren und jene Instrumentalisten augenblicklich hinauswerfen würde, die die Harmonie der Geschichte stören. Die Psychologie und die Neurologie entdeckten die Welt der unbewussten und früher unerforschten Einflüsse, die auf das Bewusstsein des Menschen (also auch auf seine religiösen Vorstellungen) einwirken, wodurch die Vorstellung eines Gotts verblasste, der unmittelbar „in der Seele" eines Menschen wirkt. Die Soziologie zeigte dem Wissen, dass alle unsere Vorstellungen, die religiösen eingeschlossen, nicht unmittelbar von oben herab in unser Bewusstsein eingegossen sind, sondern auch zahlreiche Züge der Gesellschaft und der geschichtlichen Augenblicke widerspiegeln, in denen wir leben. Die analytische Philosophie erinnert uns daran, dass wir den Sinn jeder beliebigen Aussage, einschließlich der religiösen Aussagen, nicht unmittelbar begreifen können, d. h. ohne den Kontext des „Sprachspieles", in welchen die gegebene Aussage gehört, und ohne die „Lebensumstände", aus denen sie erwächst, zur Kenntnis zu nehmen.

Wenn es Gott gibt, dann sitzt er *tiefer*, als es vergangene Generationen vermuteten; wenn er die „erste Ursache" von allem ist, dann müssen wir konstatieren, dass er schwieriger feststellbar und „beweisbar" ist, als es denen schien, die noch nicht genug von dem undurchdringlichen Urwald jener *„sekundären* Ursachen" wussten, die mit der Natur auch den Menschen und die Geschichte bewegen. Nach Gott müssen wir tiefer und gründlicher *suchen*, wenn wir bereits wissen, dass wir ihn nicht in dem Souffleurkasten oder in dem leicht zugänglichen Büro des Regisseurs jenes Theaters finden, das „Welt" genannt wird. Die Erkenntnisse, die die Errungenschaft des letzten Jahrhunderts darstellen, haben begreiflicherweise die festen Systeme der religiösen Vorstellungen in Bewegung versetzt (wie übrigens fast alle bisherigen festen Systeme).

Ich bin jedoch fest davon überzeugt, dass diese Situation für den Glauben *ein Segen* ist, eine günstige, geeignete Zeit (kairos). Der Glaube wird unter anderem dadurch nämlich wieder mehr zu *einem freien* Akt, zu einer nicht erzwingbaren, oft auch mutigen persönlichen *Wahl*.

Die religiösen Erschütterungen der Moderne waren für Gläubige eine schwer lesbare und schwierig anzunehmende Aufforderung Gottes. Die „Finsternis Gottes" kam und kommt begreiflicherweise vielen Christen dunkel vor, unbegreiflich und absurd, ähnlich absurd, wie es Abraham gegangen sein musste, als er die Aufforderung, seinen Sohn zu töten, in seinem Innersten durchmachen musste. Die Gläubigen sollten manche ihrer Vorstellungen über den himmlischen Vater töten und begraben.

Ich bin jedoch davon überzeugt, dass diejenigen, die durch diese Prüfung tatsächlich *hindurchgegangen sind* und sie bestanden haben, zwar viele religiöse Sicherheiten, Vorstellungen und Illusionen verloren haben, *nicht jedoch Gott selbst*; sie haben nur erfahren müssen, dass *Gott tiefer wohnt*, als es ihnen bisher schien und als es ihnen geschildert wurde – und dass deshalb auch der Glaube mehr als früher „in die Tiefe vordringen" muss. Ist übrigens nicht gerade dieses die eindringliche Botschaft der großen christlichen Mystiker aller Zeiten, insbesondere Johannes vom Kreuz?

In der letzten Zeit haben meine Aufmerksamkeit die Versuche, eine Theologie *des „Anatheismus"* zu schaffen, gefesselt. Anatheismus ist die Bezeichnung für den Glauben, der durch das Sperrfeuer der modernen Religionskritik gegangen ist und diese Fegefeuer-Glut ernst genommen hat. Die Entschlossenheit *„erneut* zu glauben" (wieder, aufs Neue, trotz allem) erinnert mich an die Antwort des Apostels Petrus an Jesus: „Wir haben die ganze Nacht gearbeitet und nichts gefangen, aber auf dein Wort will ich das Netz auswerfen." Auf dein Wort, erneut, noch einmal!

Und welches war das Wort, das im ermüdeten Petrus erneut einen Hoffnungsfunken entzündet hat? Es war die Aufforderung: Fahre auf die Höhe (wo das Wasser tief ist), also: Gehe in die Tiefe.

Heute verstehen wir heutigen Katholiken(innen) sehr gut die frustrierten Fischermänner, aber Jesus sagt uns dasselbe: Gehet in die Tiefe!

Analysen von Historikern und Soziologen in den letzten Jahrzehnten haben die noch vor Kurzem allgemein verbreitete (und an manchen Stellen auch heute noch anzutreffende) Ansicht grundlegend in Zweifel gezogen, dass die Säkularisierung das letzte Wort der Geschichte, dass sie ein unumkehrbarer Prozess ohne Wendemöglichkeit sei. In der gesamten Geschichte der Menschheit lassen sich vielmehr Zyklen des Wachstums, des Niedergangs und des erneuten Aufschwungs verschiedener Gestalten von Religion feststellen, die stets wiederkehren.

Wenn eine bestimmte Gestalt der Religion an Vitalität verliert, an der Fähigkeit, mit den anderen Merkmalen eines Kultur-

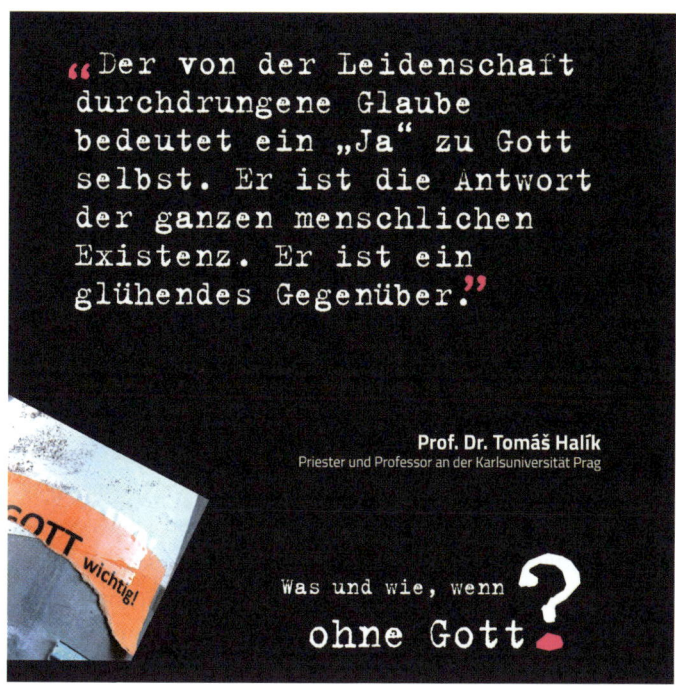

"Der von der Leidenschaft durchdrungene Glaube bedeutet ein „Ja" zu Gott selbst. Er ist die Antwort der ganzen menschlichen Existenz. Er ist ein glühendes Gegenüber."

Prof. Dr. Tomáš Halík
Priester und Professor an der Karlsuniversität Prag

Was und wie, wenn ohne Gott?

systems in Interaktion zu treten, dann ist sie in Auflösung begriffen, zieht sich an den Rand der Gesellschaft zurück, und ein *neues Phänomen* nimmt ihren Platz ein. Das kann eine erneuerte Variante derselben Religion oder Konfession sein, oder eine völlig andere religiöse Richtung beziehungsweise ein Phänomen, das bisher einen „säkularen" Charakter hatte, dann aber ab einem gewissen Moment beginnt, zuerst die soziale Rolle, später viele weitere Züge einer Religion zu übernehmen.

Die Theorie der Säkularisierung, die davon überzeugt war, dass die Religion auf der Einbahnstraße des unaufhaltsamen Fortschritts der modernen Erkenntnis notwendigerweise untergehen müsse, war eine der vielen Vulgarisierungen der Darwinschen Theorie vom „Überleben des Stärkeren". Als der vom

Marxismus vorhergesagte Endsieg des Fortschritts und des „wissenschaftlichen Atheismus" über die Religion immer noch nicht eingetreten war, versuchten die marxistischen Regime, mit Gewalt dieses versprochene Ziel zu erreichen, zuweilen auch mit der Form eines erbarmungslosen Genozides an den Gläubigen. Das Gespenst des Kommunismus verschwand allerdings – zusammen mit weiteren Schatten der dunklen Nächte des 20. Jahrhunderts – aus Europa, noch bevor die Hähne den sich nähernden Morgen des dritten Jahrtausends des Christentums ankündigten.

Jedoch wurden auch diejenigen enttäuscht, die erwartet hatten, dass nach dem Bankrott des Kommunismus in Europa *die frühere Gestalt des Christentum*s in den frei gewordenen Raum einträte. Formen und Inhalte von Religion sind veränderlich, die Religion ist ein allzu bunter, vitaler und dynamischer Strom, als dass er sich dauerhaft in festen Ufern regulieren ließe. Auch hier gilt, dass „man nicht zweimal in denselben Fluss steigen kann"; Erneuerungen oder die Rückkehr von Religion sind *nie* eine Wiederkehr des *Gleichen*.

Wenn wir uns in unseren Betrachtungen auf das Abendland beschränken, so stellt die gegenwärtige „postsekuläre Kultur" ein buntes Gemisch von Resten traditioneller Frömmigkeit sowie von aufklärerischem Humanismus, von neuen Formen des religiösen Fundamentalismus sowie des militanten Atheismus dar. Wir stoßen auf einen bunten Markt mit religiösem Kitsch, mit unverbindlicher Koketterie, mit Esoterik und Exotik, aber auch auf ehrliches Suchen und Fragen, auf eine heilige Unruhe verwundeter Herzen. Auch der Agnostizismus, der den heute bereits ziemlich entwürdigten dogmatischen Atheismus abgelöst hat, erscheint in vielen Gestalten – von einem bescheidenen schweigsamen Stillwerden vor dem Geheimnis bis zum oberflächlichen *„Apatheismus"*, zu einer Apathie, Gleichgültigkeit gegenüber den geheimnisvollen

Tiefen des Lebens. Manchmal ist solche Apathie eine Konsequenz frustrierender Erfahrungen mit der Kirche, manchmal vielmehr die Folge dessen, was die Tradition als *„acedia"* bezeichnete – eine Mischung von Schlaffheit, Trägheit, Depression und Ermüdung.

Unsere Zeit beginnt, sich an das neue Attribut zu gewöhnen – eine *postsäkulare* Zeit zu sein. Die Säkularisierung war die Parole der *Moderne*, die *Postmoderne* überschreitet diese Phase.

Die Moderne ist unsere Welt, die Postmoderne ist als Selbstkritik, *nicht* jedoch als Verneinung der Moderne anzusehen; in die *Vor*-moderne führt kein legitimer Weg zurück.

Die Postmoderne kann jedoch bei ihrer Kritik der Moderne *das* entdecken, gegenüber dem die Moderne in ihrer Faszination darüber, was das menschliche Kennen und Können vermochte, blind geblieben war: die *„Tiefendimension* der Wirklichkeit". Gott, der in der modernen Autonomie keinen Platz hatte, kann in der postmodernen Perspektive einen sogar sehr würdevollen Platz finden, nicht irgendwo am Rande, in dem geheimnisvollen Halbdunkel der bisher unerforschten Geheimnisse, im Okkultismus oder in der Esoterik, sondern im Herz der Wirklichkeit selbst, in ihrer Tiefe. Kein „Lückenbüßer-Gott", wie Bonhoeffer das nennt, sondern der Kern aller Realität.

Es ist nicht notwendig, das *„Jenseits"* zu konstruieren oder zu rekonstruieren, aber es ist ebenfalls nicht möglich, nur auf jener Welt-Oberfläche zu bleiben, die das Evangelium nach Johannes „diese Welt" nennt. Es ist notwendig, *die Frage nach der Tiefe* zu stellen, sich in die Tiefe zu begeben. Es existiert nur diese Welt hier – aber sie ist hier (vor uns, um uns herum, aber auch in uns) auch mit ihrer *Tiefe*, mit ihrer Vieldeutigkeit, mit ihren Paradoxien. Sie steht daher vielen Weisen unserer Interpretation und unseres Lebens in ihr offen: Entweder ergründen wir ihre Tiefe oder wir bleiben an der Oberfläche.

Dies ist die Frohbotschaft des Christentums, dies ist das Geheimnis unseres Glaubens: Der Kern aller Realität ist die kreative Liebe. Die Transzendenz, die wir *Liebe* nennen und in der wir die Erfüllung der tiefsten Möglichkeit sehen, die der Mensch ist, führt nicht irgendwohin *außerhalb* der Realität, sondern zu ihrer *Quelle*, zu der Quelle, aus der das entspringt, was die Worte (Gott, Mensch, Nächster, Welt) trennen, die Liebe jedoch verbindet.

Kehren wir zurück zum Anfang unserer Betrachtung.

Wenn die „Verborgenheit Gottes" heute das *erste* Wort Gottes an uns ist, wo können wir das *weitere* Wort finden? Wenn das erste Wort die Erfahrung der Gottes*ferne*, die Erfahrung der Transzendenz war, können wir erwarten, dass jenes *zweite* Wort die Begegnung mit der göttlichen *Nähe*, mit der Immanenz sein wird. Wo aber und wie lässt sich diese finden? Wie kann man der erwarteten Nähe Gottes entgegenkommen?

Jesus stellt ein *Gebot der Liebe* ins Zentrum seiner Verkündigung. Und ich bin davon überzeugt, dass das Gebot, „den Herrn, deinen Gott, mit ganzem Herzen, mit ganzer Seele und mit all deiner Kraft und allen deinen Gedanken zu lieben und deinen Nächsten wie dich selbst!" – insbesondere sein zweiter Teil, die Betonung der *Nächsten*liebe – den Weg aufzeigt, auf dem jenes zweite Wort vernehmbar wird, auf dem auch das „andere Gesicht" neu entdeckt werden kann, die göttliche Immanenz.

Schon viele Jahren fasziniert mich eine Definition der Liebe, die dem heiligen Augustinus zugeschrieben wird: amo: volo, ut sis, ich liebe, das bedeutet: *Ich will, dass du bist*.

Ich werde versuchen zu zeigen, dass wir diese „Definition" sowohl auf die Liebe zu einem Menschen als auch auf die Liebe zu Gott beziehen können.

Es gibt Leute, die beim Nachdenken über Gott immer wieder zu jenem demütigen „Wir wissen es nicht" zurückkehren. Wenn uns unsere Vernunft (oder genauer gesagt die moderne Rationalität) darüber in Unsicherheit belässt, dann können wir uns eine einfache, aber grundlegende Frage stellen: *Will* ich, dass Gott *ist*, *oder* dass er *nicht ist*?

Diese Frage wartet auf eine Antwort aus der größten Tiefe unseres Herzens, aus jenem Grund unseres Wesens. Vielleicht ist die Antwort auf diese Frage viel schwerwiegender als unsere Antworten auf die Fragen, die uns die Menschen stellen, nämlich wie unsere Meinung zu der Frage lautet, ob Gott ist oder nicht. Wenn ein Mensch antwortet, dass er nicht weiß, ob und wie Gott ist, muss er dadurch sein Nachdenken über Gott *nicht beenden*. Er kann sich noch eine andere Frage stellen: Sehne ich mich nach ihm? *Will ich, dass Gott ist?*

Gott ist uns nicht als eine simple Tatsache unter anderen Tatsachen gegeben, als ein Gegenstand unter anderen Gegenständen; Gott ist ein *Geheimnis*, das nur dem Glauben zugänglich ist, dem Geschenk der Gnade. Der Glaube ist unendlich mehr als die Anerkennung der göttlichen Existenz auf der Basis der logischen Reflexion über das Werk der Schöpfung, von dem der Apostel Paulus, aber auch das Dogma des Ersten Vatikanischen Konzils spricht, das die Kompetenz der Vernunft gegen einen biblischen Fundamentalismus und einen vom bloßen Gefühl bestimmten Fideismus verteidigt. Eine *Sehnsucht*, ein *Wollen*, ist dem Wesen des Glaubens sicher weitaus *näher* als eine bloße „Überzeugung", als unsere bloßen Meinungen. In jenem „ich will" ist weder „ein bloßer Wunsch" noch ein bloßes „Gefühl", sondern eine *existentielle Zustimmung*.

Deswegen kann die Frage, ob ein Mensch in seinem Wesen und aus der Tiefe seines Herzens will, dass Gott ist, sowohl an die gestellt werden, die meinen, dass Gott nicht ist, als auch an jene, die meinen, dass er ist; und natürlich auch an diejenigen, die wissen, dass sie das nicht wissen. Eine Überzeugung entstammt der bloßen Vernunft, eine Zustimmung dagegen entspringt aus einer größeren Tiefe, aus dem Grund (dem Selbst), aus jenem Zentrum des Feinsinns (l'esprit de finesse), den Pascal das Herz nannte.

Auch derjenige, für den sich die Antwort auf die Frage, wie Gott ist und was es bedeutet, dass „Gott *ist*", in einer Wolke des Unwissens auflöst, kann diese Wolke mit dem Pfeil einer tiefen Leidenschaft durchdringen: Dieser Durst des menschlichen Herzens nach Gott (der im Durst nach Sinn, nach Liebe, nach Wahrheit und Gerechtigkeit verborgen sein kann) dringt sicherer in das Herz Gottes vor als die rein rationale Zustimmung durch den Verstand mit den definierten Artikeln des Glaubens. Der von der Leidenschaft der Liebe durchdrungene und belebte Glaube bedeutet ein „Ja" nicht nur zu den Aussagen über Gott, sondern *zu Gott selbst*. Er ist die Antwort des ganzen Menschen, der ganzen menschlichen Existenz auf das göttliche „Ja" *uns* gegenüber – er ist ein glühendes Wort der Liebe, keine Äußerung eines abstrakt kühlen Urteils.

Kann jedoch wirklich die Behauptung aufrechterhalten werden, dass die Liebe der Sicherheit des Glaubens *vorausgeht* (des Glaubens im Sinne von „religiösem Wissen")? Setzt die Liebe zu Gott nicht von Vornherein die klare und feste Überzeugung von seiner Existenz voraus?

Auf diesen logisch klingenden Einwand antworte ich: Erst in der Erfahrung der Liebe eröffnet sich ein Raum, in dem wir überhaupt den Sinn des Wortes „Gott" erblicken können. „Wer nicht liebt, hat Gott nicht erkannt", behauptet der erste Johannesbrief.

Wie soll man heute über Gott sprechen? Wer über Gott sprechen will, sollte vielleicht zunächst ins eigene Herz schauen, ob in ihm genug *Liebe* ist – oder zumindest die Sehnsucht nach Liebe, die Bereitschaft, lieben zu lernen.

Das Video vom Vortrag im Rahmen
des Kongresses „Was und wie, wenn ohne Gott":

Die Podcast-Episode bei „Mit Herz und Haltung":

Mein Beitrag

Wo wir doch suchen auch hier,
auch heute nur Suchende sind,
ach Glut in der Asche, ach Rest von,
ein Häuflein von denen, die glimmen
fern von den Himmeln, erlöschende
suchende Untere, lebend Vergebliche.
Dies ist kein Beitrag zur Gegenwartslyrik,
Wort von der Asche vom Rand.

Uwe Kolbe

Gemeinsam schweigen.
Der Synodale Weg und der fremde Gott

Pater Bernd Hagenkord SJ war Geistlicher Begleiter des Synodalen Weges und kritisch reflektierender Weggefährte in der Gestaltung des Kongresses „Was und wie, wenn ohne Gott?"

„Wir müssen mehr miteinander reden, aufeinander hören, gemeinsam schweigen, gemeinsam beten und gemeinsam feiern. Und vielleicht kommen wir dann dahin, dass wir uns wieder sehnen nach dem Gott, der uns fremd geworden ist."
(Pater Bernd Hagenkord zum Abschluss des Kongresses am 27. Februar 2021)

Das Video vom Vortrag im Rahmen des Kongresses „Was und wie, wenn ohne Gott":

Herausgeber:innen und Autor:innen

 **Arnold, Thomas**: Katholischer Theologe, seit 2016 Direktor der Katholischen Akademie des Bistums Dresden-Meißen.

 **Fleming, Andrea**: Übersetzerin und freie Journalistin für Hörfunk, Print und Online, seit 2001 Pressereferentin der Fokolar-Bewegung Deutschland.

 **Karstein, Uta**: Soziologin, Kulturwissenschaftlerin und Psychologin. Sie arbeitet am Institut für Kulturwissenschaften der Universität Leipzig. Einer ihrer Forschungsschwerpunkte ist die Säkularisierung in Ostdeutschland.

 **Platow, Birgit**: Professorin für ev. Religionspädagogik an der TU Dresden. Außerdem forscht sie als Fellow der Digital Society Initiative (Universität Zürich) empirisch zum Thema Künstliche Intelligenz.

 **Sellmann, Matthias**: Professor für Pastoraltheologie an der Ruhr-Universität Bochum. Direktor des zap („Zentrum für angewandte Pastoralforschung"). Mitglied des Synodalen Wegs.

Tobler, Stefan: Prof. für Systematische Theologie an der Universität Sibiu/Hermannstadt (Rumänien). Habilitation zur Gottverlassenheit Jesu als Heilsereignis, Arbeit an der Erschließung der mystischen Schriften Chiara Lubichs.

Halík, Tomáš: Priester, Professor für Soziologie an der Karlsuniversität Prag. Er war in den 1980er Jahren im Untergrund tätig.

Knop, Julia: Professorin für Dogmatik an der Universität Erfurt. Arbeitet zur Gottesfrage unter säkularen Bedingungen. Mitglied des Synodalen Wegs.

Hamberger, Judith: Gemälde- und Freskenrestauratorin und freischaffende Künstlerin im Bereich Konzepterstellungen von dramaturgisch-musikalischen Programmen in der Vernetzung von Literatur, Musik, bildender Kunst und Spiritualität.

Kolbe, Uwe: Schriftsteller, lebt in Dresden. Seit vierzig Jahren veröffentlicht er Gedichte, Prosa und Essays. 2017 erschienen seine „Psalmen".

Triegel, Michael: Maler, Zeichner, Grafiker aus Erfurt, lebt und arbeitet in Leipzig. Hat Kirchenfenster und Altäre gestaltet, setzt sich in seinen Werken mit dem antik-mythologischen und dem christlich-heilsgeschichtlichen Erbe auseinander.

Bothe, Miriam: Kunsthistorikerin, Althistorikerin und Mediävistin. Sie arbeitet als freie Wissenschaftlerin für die Staatlichen Kunstsammlungen Dresden sowie als Referentin für Kunst und Kultur der Katholischen Akademie des Bistums Dresden-Meißen.

Zaborowski, Holger: Philosoph, katholischer Theologe und Philologe. Seit 2020 ist er Professor für Philosophie an der Katholisch-Theologischen Fakultät der Universität Erfurt.

Quellenverzeichnis

Bilder
Gemälde von Michael Triegel: © VG Bild-Kunst, Bonn 2022
G 280 „Verkündigung" und G 434 „imago": © Galerie Schwind, Leipzig
G 157 „Kreuzigung", Foto: Punctum/ Bertram Kober, Leipzig

S.191: Porträtbild Judith Hamberger: © birgitstummer.at, Porträtbild Uwe Kolbe: © picture alliance/Eventpress/Eventpress Rekdal

Die Rechte an den übrigen Porträtbilder liegen bei den Porträtierten.

Texte
Martin Buber, „Rabbi Baruchs Enkel …", aus: Martin Buber, Die Erzählungen der Chassidim, © 1949, Manesse Verlag, Zürich, in der Penguin Random House Verlagsgruppe GmbH, München

Erich Fried, Ohne Dich, aus Liebesgedichte, © 1979, 1995, 2007 Verlag Klaus Wagenbach, Berlin

Hanns Dieter Hüsch, „Als die Nachricht um die Erde lief …": Religiöse Nachricht (gekürzt), aus: Hanns Dieter Hüsch/Vincent van Gogh, Das kleine Buch aus heiterem Himmel, Seite 16 f., 2018/5, © tvd-Verlag Düsseldorf, 2004

Uwe Kolbe, „Das Heilige", aus: Uwe Kolbe, Imago. Gedichte, S. 16 © 2020, S. Fischer Verlag, Frankfurt am Main

Uwe Kolbe, „Dem Grund zu", „An dich", „Die Gnaden", aus: Uwe Kolbe, Psalmen © 2017, S. Fischer Verlag, Frankfurt am Main

Uwe Kolbe, „Mein Beitrag", aus: Uwe Kolbe, Die sichtbaren Dinge. Gedichte © 2019, poetenladen Verlag, Leipzig

Chiara Lubich, „Ich habe nur einen Bräutigam", aus: Chiara Lubich, Alle sollen eins sein, S. 27 f.; Dies., Der Schrei der Gottverlassenheit, S. 51 f. © Verlag Neue Stadt GmbH, München 2001

Anmerkungen

Matthias Sellmann: „Ich glaube an einen Gott, der fehlt"
1   Für eine persönlich bis an die Grenzen gehende Theologie solcher Bestreitung und Vermissung Gottes siehe zahlreiche Schriften Hans-Joachim Höhns; z.B. Der fremde Gott. Glaube in postsäkularer Kultur, Würzburg 2008.

2   Vgl. die Texte von Thomas Arnold und Judith Hambergers in diesem Buch.

3   Dietrich Bonhoeffer: „Widerstand und Ergebung. Briefe und Aufzeichnungen aus der Haft." (Band 8 Dietrich Bonhoeffer Werke, herausgegeben vom Ehepaar Bethge und Christian Gremmels, Gütersloh 1998, 533.

4   Martin Buber: Hundert chassidische Geschichten, Zürich 1966, 6f.

5   Georg Gasser, Armin Kreiner und Veronika Weidner: Einleitung: Die religionsphilosophische Debatte zur Verborgenheit Gottes, in dies. (Hg.), Verborgenheit Gottes. Klassische und aktuelle Beiträge aus Theologie und Religionsphilosophie, Stuttgart 2020, 17-25, S. 17f. Originaltext von Schellenberg ebd., 97-124.

6   Vgl. jetzt das prägnante, herausfordernde Buch von Andreas Krebs: Gottes Verheißung, Gottes Scheitern. Eine Theologie im Horizont der offenen Gottesfrage ausgehend von der Namensoffenbarung JHWHs in Exodus 3,14, Freiburg i.B. 2021.

7   Vgl. Fußnote 6.

Uta Karstein: Bald unter 50%!
8   Dabei handelt es sich um das von der DFG geförderte Forschungsprojekt „Generationenwandel als religiöser und weltanschaulicher Wandel: Das Beispiel Ostdeutschlands" (2003-2006), dessen Ergebnisse mittlerweile an verschiedenen Orten publiziert wurden. Vgl. Wohlrab-Sahr, M. / Karstein, U. / Schaumburg, C.: „Ich würd mir das offenlassen". Agnostische Spiritualität als Annäherung an die ‚große Transzendenz' eines Lebens nach dem Tode, Zeitschrift für Religionswissenschaft 13 (2005), 153-174. Vgl. Wohlrab-Sahr M. / Karstein, U. / Schmidt-Lux, T.: Forcierte Säkularität. Religiöser Wandel und Generationendynamik im Osten Deutschlands, Frankfurt am Main, New York 2009. Vgl. Karstein, U.: Konflikt um die symbolische Ordnung. Genese, Struktur und Eigensinn des religiös-weltanschaulichen Feldes in der DDR, Würzburg 2013.

9   Der zur Sprache kommende Konflikt um die Classic Open in Leipzig wurde erstmals 2012 von meiner Kollegin Monika Wohlrab-Sahr und mir im Rahmen eines Vortrages an der Landeszentrale für politische Bildung re-

konstruiert, ausformuliert und zur Diskussion gestellt. Monika Wohlrab-Sahr hat in einer späteren Publikation darauf noch einmal Bezug genommen, vgl. Wohlrab-Sahr, M.: Erfolg und Folgen verwissenschaftlichter Religionskritik. Das Experiment DDR und die Spannungen der Moderne, in: Barth, U. / Danz, C. / Graf, F.W. / Gräb, W. (Hg.): Aufgeklärte Religion und ihre Probleme: Schleiermacher – Troeltsch – Tillich, Berlin, Boston 2013, 43–64. Nachfolgende Passagen in meiner Einleitung decken sich teilweise sprachlich mit denen Wohlrab-Sahrs.

10   Dazu gibt der folgende Band nähere Auskunft: Pollack, D. / Rosta, D.: Religion in der Moderne. Ein internationaler Vergleich, Frankfurt am Main, New York 2015.

11   Vgl. Hölscher, L.: Datenatlas zur religiösen Geographie im protestantischen Deutschland. Von der Mitte des 19. Jahrhunderts bis zum Zweiten Weltkrieg, Berlin 2001. Vgl. Schmidt-Lux, T.: Wissenschaft als Religion. Szientismus im ostdeutschen Säkularisierungsprozess, Würzburg 2008.

12   Die nächsthohe Zustimmung findet sich mit 34 Prozent bei den 30–44-Jährigen und mit knapp 22 Prozent bei den 75- bis 89-Jährigen (ALLBUS 2012, V 209; eigene Berechnungen). Ein ähnlicher, wenn auch nicht so stark ausgeprägter Befund ergibt sich bei der Frage nach der Relevanz von Magie, Spiritismus und Okkultismus. Während hier die durchschnittliche Ablehnung bei 80 Prozent liegt, fällt sie in der jüngsten Altersgruppe mit 62 Prozent signifikant niedriger aus (ALLBUS 2012, V 171). Differenzen zeigen sich auch im Hinblick auf das Votum, man solle sich primär an dem orientieren, was man mit dem Verstand erfassen könne, und alles andere auf sich beruhen lassen (ALLBUS 2012, V 140).

13   Das Material wurde ein erstes Mal ausführlich in folgender Publikation präsentiert: Karstein, U. / Schmidt-Lux, T. / Wohlrab-Sahr, M. / Punken, M.: Säkularisierung als Konflikt? Zur subjektiven Plausibilität des ostdeutschen Säkularisierungsprozesses, Berliner Journal für Soziologie 4 (2006), 441–461.

Birte Platow: **Gott und neue Götter**

14   Vom beständigen Rückgang der Kirchenmitgliedschaften (evangelisch wie katholisch) zeugt die Langzeitdokumentation von Statista (Kirchenaustritte, Entwicklung 1992–2020), vgl. https://de.statista.com/statistik/daten/studie/4052/umfrage/kirchenaustritte-in-deutschland-nach-konfessionen/ (Zugriff: 15.11.2021).

15   Von den Trends zur Individualisierung, Privatisierung sowie synkretistischen Tendenzen zeugen seit Jahren die Studien der Bertelsmannstiftung (vgl. Bertelsmann Religionsmonitor 2019 und 2017: https://www.bertels-

mann-stiftung.de/de/unsere-projekte/religionsmonitor/ (Zugriff: 15.11.2021).) sowie die Shell Jugendstudien (vgl. Shell Jugendstudie 2021: https://www.shell.de/ueber-uns/shell-jugendstudie.html (Zugriff: 15.11.2021).), bzw. die Jugendstudie der TUI Stiftung (2021). Vgl. dazu: Junges Europa 2021 – Die Jugendstudie der TUI Stiftung: https://www.tui-stiftung.de/wp-content/uploads/2021/06/2021_06_16_TUI-Stiftung-Jugendstudie-2021-Beitrag-Spittler_WZB.pdf (Zugriff: 15.11.2021). Daneben ist aber auch an Gründe zu denken, die im Rahmen der genannten Konferenz diskutiert wurden: Fehlverhalten der Institutionen selbst, u.a. Gewalt.

16   Dem Text liegt ein Vortrag und die diskursive Auseinandersetzung mit den Inhalten einer Tagung der katholischen Akademie des Bistums Dresden-Meißen im Jahr 2021 zugrunde („Was und wie, wenn ohne Gott. Geistliches Leben im Schwinden der Gottessicherheit").

17   vgl. Graf, F.W.: Wiederkehr der Götter. Religion in der modernen Kultur, München 2004.

18   vgl. Taylor, C.: Ein säkulares Zeitalter, Berlin 2012.

19   Man denke etwa an Risikoprüfungen bei Versicherungsabschlüssen, bildbasierte Diagnosen und Therapiebeschlüsse sowie weitere auf großen Datenmengen basierende Entscheidungssituationen.

20   Es fällt inzwischen zunehmend schwer, Anlässe und Lebenssituationen zu finden, die *nicht* in irgendeiner Form digital dokumentiert oder gestützt sind. Demgegenüber steht die fast völlige Abbildung analoger Lebensvollzüge im digitalen Raum. Die Tatsache, dass fast alle Handlungen im Pandemiejahr 2021 in digitalen Varianten realisiert werden konnten, unterstreicht die Vermutung einer umfassenden Verschränkung analogen und digitalen Lebens.

21   Gemeint sind vor allem medizinische Disziplinen, die auf Big Data bzw. bildgebenden Verfahren basieren.

22   Hier ist insbesondere an den stark wachsenden Teilbereich der Digital humanities zu denken.

23   Diese Einschätzung ist übrigens durchaus umstritten, m.E. zu Recht. Inzwischen sind uns zahlreiche Texte, Lyrik, Kunst und Musik bekannt, die von den Werken der großen Meister kaum zu unterscheiden sind und die in dieser Hinsicht den Turing Test mit Bravour bestehen. Selbst im ureigen Menschlichen – Kommunikation oder auch Ausdruck von Emotion – ist die Imitation durch Technologien nahezu perfekt und kaum vom menschlichen Original zu unterscheiden.

24   Während Nick Bostrom (vgl. Bostrom, N.: Superintelligenz. Szenarien einer kommenden Revolution, Berlin 2018^3.) und Stephen Hawking (vgl. Hawking, S.: Kurze Antworten auf große Fragen, Stuttgart 2018.) eindringlich vor der Gefahr der weiteren Entwicklung starker KIs warnen, sehen Internet-

und Technologiepioniere wie der Transhumanist Ray Kurzweil („Singularity is near") darin eine Erlösungsoption.

25 Die hier skizzierten Ausführungen basieren auf einer qualitativ angelegten empirischen (Interview-)Studie zu Selbstbildern, die im Gegenüber zu KI Technologien entstehen. Vgl. Platow, B.: Selbstwahrnehmung und Ich-Konstruktion im Angesicht von Künstlicher Intelligenz, in: Huppenbauer, M. / Kirchschläger, P. / Ulshöfer, G. (Hg.): Digitalisierung – Theologische und ethische Analysen, Baden-Baden 2021, 107–125.

26 Erste Analysen, basierend auf wenigen Fallstudien legen nahe, dass hier Gender-Differenzen zu vermuten sind. So ist die Korrelation von KIs mit dem Begriff des „Werkzeugs" oder „Instruments" vermutlich auch inhaltlich ausgeprägt und nicht nur Ausdruck eines geschlechtsspezifischen semantischen Differenzials. Vgl. Platow, Selbstwahrnehmung und Ich-Konstruktion.

27 Es ist auffällig, dass Individuen ihre Umwelt als von KI Technologien durchdrungen empfinden, auch dort, wo dies gar nicht der Fall ist. In der Folge entwickeln sie Bewältigungsstrategien (bspw. bewusster Technologieverzicht, um Abhängigkeiten zu reduzieren), die Eigenständigkeit und Emanzipation fördern sollen. Vgl. ebd.

28 In pädagogischer Perspektive handelt es sich hier um behavioristisches Lernen durch Verstärkung statt durch Einsicht oder Induktion – mit dem bekannten Begleiteffekt der Verstärkung aller in den Daten zugrundliegenden (meist nicht klaren) Prädispositionen (*biases*).

29 Natürlich ist hier nicht unterstellt, dass starke KIs unkontrolliert freien Zugriff auf Datencorpora (etwa im Internet) hätten, denn bislang agieren KIs mit klar definierten und eingegrenzten (gleichwohl beeindruckend großen) Datensets. Allerdings ist auch unter dieser Prämisse für viele Datensätze anzunehmen, dass sie diverse Manifestationen menschlicher Befindlichkeiten und Wahrnehmungen (darunter Selbstwahrnehmungen im Gegenüber zu KIs) abbilden.

30 Vgl. Blum, H.E. / Rudolf, H.: Über das Menschenbild in der Medizin, Stuttgart 2003.

31 Vgl. Midson, S.A.: Cyborg theology: humans, technology and God, London, New York 2017.

32 Keupp, H. / Ahbe, T. / Gmür, W. / Höfer, R. / Mitzscherlich, B.: Identitätskonstruktionen. Das Patchwork der Identitäten in der Spätmoderne, Berlin 1999.

33 Diagnostiziert Graf vor gut einem Jahrzehnt einen Exodus der Religion in „die moderne Kultur" (so der Untertitel), ist für heute festzustellen, dass sich diese Bewegung weiter in den digitalen Raum und darin in spezieller Weise in moderne Technologien fortsetzt. Vgl. Graf, Wiederkehr der Götter.

34   Rendtorff, T.: Vielspältiges. Protestantische Beiträge zu einer ethischen Kultur, Stuttgart 1991.
35   Wie dies etwa der Physiker und Nobelpreisträger Klaus Hasselmann in einem Interview in „Die Zeit" vom 28. Oktober 2021 tut, wenn er feststellt, „technisch ist das recht leicht" in der Erwartung, die Klimakrise sei mithilfe alternativer Energien und moderner Technologien zu bewältigen.
36   Ritter, H.: Notizhefte, Berlin 2010, 281.

Holger Zaborowski: **Von der Güte und stillen Macht Gottes**
37   Vgl. Habermas, J.: Glauben und Wissen. Friedenspreis des Deutschen Buchhandels 2001, Frankfurt am Main 2002. Vgl. auch ders.: Ein neues Interesse der Philosophie an Religion. Ein Interview mit Eduardo Mendieta, in: ders. (Hg.): Nachmetaphysisches Denken II. Aufsätze und Repliken, Frankfurt am Main 2012, 96–119. Ders.: Auch eine Geschichte der Philosophie. Die okzidentale Konstellation von Glauben und Wissen, Band II, Berlin 2019.
38   Vgl. hierzu u. a. Graf, F.W.: Götter Global. Wie die Welt zum Supermarkt der Religionen wird, München 2014.
39   Zur Diskussion vgl. u. a. Johannsen, F. (Hg.): Postsäkular? Religion im Zusammenhang gesellschaftlicher Transformationsprozesse (Religion im kulturellen Kontext 1), Stuttgart 2010; Schweidler, W. (Hg.): Postsäkulare Gesellschaft. Perspektiven interdisziplinärer Forschung, Freiburg, München 2007; Walter, P. (Hg.): Gottesrede in postsäkularer Kultur (QD 224), Freiburg, Basel, Wien 2007; Höhn, H. J.: Postsäkular. Gesellschaft im Umbruch – Religion im Wandel, Paderborn 2007.
40   Vgl. zu Joachim Ritter auch meine Überlegungen „Substanz oder Funktion oder: Philosophie als ‚Lehre von dem, was immer ist'. Zu Robert Spaemanns kritischer Auseinandersetzung mit Joachim Ritter", in: Schweda, M. / Bülow, U. v. (Hg.): Entzweite Moderne. Zur Aktualität Joachim Ritters und seiner Schüler (Marbacher Schriften, Neue Folge 15), Göttingen 2017, 193-211.
41   Vgl. Lübbe, H.: Religion nach der Aufklärung, Graz 1985; vgl. auch ders.: „Die Säkularisation als Voraussetzung religiöser Erneuerung", in: ders. (Hg.): Modernisierungsgewinner. Religion, Geschichtssinn, Direkte Demokratie und Moral, München 2004, 35–45.
42   Vgl. hierzu meinen Beitrag „Kontingente Kontingenzbewältigung. Zur Dialektik von Religion und Aufklärung in der Moderne", in: Bellebaum A. / Hettlage, R. (Hg.): Religion – Spurensuche im Alltag, Wiesbaden 2015, 19–38, 26 f.
43   Vgl. Botton, A. de: Religion für Atheisten. Vom Nutzen der Religion für das Leben, aus dem Englischen von Anne Braun, Frankfurt am Main 2017.

44   Vgl. Eagleton, T.: Der Tod Gottes und die Krise der Kultur, aus dem Englischen von Ulrike Strerath-Bolz, München 2015.
45   Vgl. Tetens, H.: Gott denken. Ein Versuch über rationale Theologie, Stuttgart 2015.
46   Vgl. Friedrich. J. P.: Der plausible Gott. Welche Erfahrungen sprechen für die Existenz eines Gottes, und was kann man über diesen Gott sagen?, Freiburg, München 2019.
47   Vgl. zur theologischen Auseinandersetzung mit der Corona-Pandemie u. a. Kasper, W. / Augustin, G. (Hg.): Christsein und die Corona-Krise. Das Leben bezeugen in einer sterblichen Welt, Ostfildern 2020.
48   Vgl. Leibniz, G. W.: Die Theodizee von der Güte Gottes, der Freiheit des Menschen und dem Ursprung des Übels, I. Teil (Philosophische Schriften 2.1), hrsg. und übersetzt von Herbert Herring, Frankfurt am Main 1996.
49   Voltaire: Candide oder der Optimismus, neu übersetzt aus dem Französischen von Ulrich Bossier, Wiesbaden 2012, 8f.
50   Kant, I.: „Über das Mißlingen aller philosophischen Versuche in der Theodicee" (AA VIII), 253–271.
51   Borchert, W.: Draußen vor der Tür, in: ders. (Hg.): Das Gesamtwerk, mit einem biographischen Nachwort von Bernhard Meyer-Marwitz, Hamburg 1993, 165.
52   Vgl. Jonas, H.: Der Gottesbegriff nach Auschwitz. Eine jüdische Stimme, Frankfurt am Main 1987.
53   Moser, T.: Gottesvergiftung, Frankfurt am Main 1980, 21.
54   Ebd., 9.
55   Ebd., 10.
56   Ebd., 47.
57   Vgl. hierzu neben den Ausführungen von Julia Knop in diesem Band u. a. Mertes, K.: Den Kreislauf des Scheiterns durchbrechen. Damit die Aufarbeitung des Missbrauchs am Ende nicht wieder am Anfang steht, Ostfildern 2021; Wagner, D.: Gefährliche Theologien. Wenn theologische Ansätze Machtmissbrauch legitimieren, Regensburg 2021; Kießling, K.: Geistlicher und sexueller Machtmissbrauch in der katholischen Kirche, Würzburg 2021.
58   Vgl. hierzu insbesondere Assmann, Jan: Moses der Ägypter. Entzifferung einer Gedächtnisspur, Frankfurt am Main 2000; Ders.: Monotheismus und die Sprache der Gewalt, Heidelberg 2016; zur Diskussion vgl. u. a. Walter, P. (Hg.): Das Gewaltpotential des Monotheismus und der dreieine Gott (QD 216), Freiburg, Basel, Wien 2005; Schieder, R. (Hg.): Die Gewalt des einen Gottes. Die Monotheismus-Debatte zwischen Jan Assmann, Micha Brumlik, Rolf Schieder, Peter Sloterdijk und anderen, Wiesbaden 2014.

59   Vgl. hierzu u. a. Marquard, O.: „Lob des Polytheismus. Über Monomythie und Polymythie", in: ders. (Hg.): Abschied vom Prinzipiellen. Philosophische Studien, Stuttgart 1981, 91–116.
60   Moser, Gottesvergiftung, 46.
61   Ebd.
62   Vgl. für die spätere Sicht Mosers: Moser, T.: Von der Gottesvergiftung zu einem erträglichen Gott. Psychoanalytische Überlegungen zur Religion, Stuttgart 2003.

Thomas Arnold/Miriam Bothe: **Der Himmel lässt sich nicht teilen**

63   Schröder, Christoph: Der Ton, der aus der Kälte kam, im Internet: https://www.zeit.de/kultur/literatur/2014-03/uwe-kolbe-die-luege/komplettansicht (12.12.2021).
64   Kolbe, Uwe: Psalmen. Geleitwort, S. 9.
65   Ebd.
66   Magenau, Jörg: Wenn ein Atheist geistliche Gedicht schreibt, im Internet: https://www.deutschlandfunkkultur.de/uwe-kolbe-psalmen-wenn-ein-atheist-geistliche-gedichte-100.html (12.12.2021)
67   Jacobsen, Dietmar: Lieder nach alter Art, im Internet: https://literaturkritik.de/kolbe-psalmen-lieder-nach-alter-art,23820.html (12.12.2021)
68   Michael Triegel im Interview mit Benjamin Leven: Ein Gespräch mit dem Maler Michael Triegel: Wie stellt man Christus dar? Herder Korrespondenz Heft 10/2016, S.16–20.
69   Kolbe, Uwe: Psalmen. Geleitwort, S. 9.

Matthias Sellmann: **Die Welt ist Gottes so … leer**

70   Der Text wurde unter demselben Titel erstveröffentlicht in: Bernd Aretz (Hg): Chiara Lubich. Ein Leben für die Einheit. Eine biografische Skizze und ausgewählte, kommentierte Meditationen, München u.a. 2019, 124-133.
71   Delp, A.: Gesammelte Schriften, Band IV, Freiburg 1986, 26.
72   Bonhoeffer, D.: Widerstand und Ergebung. Briefe und Aufzeichnungen aus der Haft, München, Hamburg 1965, 178. Alle folgenden Zahlen in Klammern beziehen sich auf dieses Werk. Vgl. sekundär: Hennecke, C.: Die Wirklichkeit der Welt erhellen. Ein ökumenisches Gespräch mit Dietrich Bonhoeffer über die ekklesiologischen Perspektiven der Moralverkündigung, Paderborn 1997, 160–316.
73   Boehme, K.: Madeleine Delbrêl. Die andere Heilige, Freiburg im Breisgau 2004, 23.

74   Delbrêl, M: Wir Nachbarn der Kommunisten. Diagnosen, Einsiedeln 1975, 62; zit. bei Nürnberg, R.: Ergriffen von Gott. Exerzitien mit Madeleine Delbrêl, München 2010, 73.
75   Vgl. Schleinzer, A.: Die Liebe ist unsere einzige Aufgabe. Das Lebenszeugnis von Madeleine Delbrêl, Ostfildern 2014, 216–218.
76   Delbrêl, M.: Auftrag des Christen in einer Welt ohne Gott, Einsiedeln 2006, 91.
77   Mutter Teresa: Komm, sei mein Licht. Herausgegeben und kommentiert von Brian Kolodiejchuk MC, München 2007, 11. Alle folgenden Zahlen in Klammern beziehen sich auf dieses Werk. Die Kapitelüberschriften sprechen für sich; so etwa: „Zu den dunklen Löchern; Das Dürsten des gekreuzigten Jesus; Ich habe angefangen, die Dunkelheit zu lieben". Vgl. zum Ganzen auch die KNA-Meldung vom 24.8.2007: „Mutter Teresa fühlte sich von Gott verlassen."

Judith Hamberger: Sprachloses Sprechen – Vom Lied ohne Gott
78   Beachte: Der Titel des Kongresses, für den die fünf Kunstfilm-Miniaturen produziert wurden, lautete: „Was und wie, wenn ohne Gott?"

Stefan Tobler: Gottferne als Gottes Gegenwart
79   Paul, J.: Rede des todten Christus vom Weltgebäude herab, dass kein Gott sei, in: Jaeschke, W. (Hg.): Der Streit um die göttlichen Dinge (1799–1812), Band II Texte, Hamburg 1999, 5–8.
80   Ebd., 6.
81   Ebd., 7.
82   Ebd.
83   „Die Intention der Rede" – so ein Interpret – „ist [...] keineswegs nur die Bekehrung von Atheisten; es geht ganz wesentlich um die Vertreibung des eigenen Skeptizismus." Müller, G.: Jean Pauls „Rede des todten Christus vom Weltgebäude herab, dass kein Gott sei", in: Jaeschke, W. (Hg.): Der Streit um die göttlichen Dinge (1799–1812), Band I, Hamburg 1999, 36.
84   Boehme, K.: Madeleine Delbrêl. Die andere Heilige, Freiburg im Breisgau 2004.
85   Wiedergegeben in ebd., 21.
86   Delbrêl, M.: Wir Nachbarn der Kommunisten. Diagnosen, Einsiedeln 1975, 267f.
87   Ebd., 49.
88   Wiedergegeben in Boehme, Madeleine (s. Anm. 6), 97.
89   „Je mehr ein Christ Gottes Licht in sich aufnimmt, um so tragischer wird demnach auch der Kontrast", schreibt Madeleine unter der Überschrift *Licht und Finsternis* (Delbrêl, Nachbarn (s. Anm. 8), 191).

90   Ebd., 194.
91   Ebd., 50.
92   Ebd., 269.
93   Vgl. Mutter Teresa, Komm, sei mein Licht, hg. und kommentiert von Brian Kolodiejchuk MC, München 2007. Im gleichen Jahr war die englische Ausgabe unter dem Titel Come Be My Light erschienen.
94   Teresa, Licht, 219.
95   Ebd.
96   Ebd., 225f.
97   So drückt sie es 1957 in einem Brief aus (Teresa, Licht (s. Anm. 93), 199). Ähnliche Aussagen zur Sehnsucht finden sich an verschiedenen anderen Stellen in ihrem Buch.
98   Ebd., 224 in einer Notiz aus dem Jahr 1959.
99   Ebd., 223.
100   Vgl. ebd., 253. Mutter Teresa beginnt, ihre eigene Dunkelheit als (ganz kleinen) Teil des Schmerzes Jesu auf Erden zu verstehen und ihr so einen Sinn zu geben (243ff).
101   Vgl. ebd., 257. „All die Trostlosigkeit der Armen, nicht nur ihre materielle Armut, sondern auch ihre geistliche Not, müssen erlösend werden, und wir müssen unseren Anteil daran haben. […] Ja, meine lieben Kinder – lasst uns teilhaben an den Leiden – unserer Armen – denn nur dadurch, dass wir eins mit ihnen werden – können wir sie erlösen, das heißt: Gott in ihr Leben und sie selbst zu Gott bringen." (ebd.).
102   Ebd., 289.
103   Lubich, C.: Lettere dei primi tempi. Alle origini di una nuova spiritualità, Roma 2010, 149.
104   Lubich, C.: L'unità e Gesù Abbandonato, Roma 1984, 60.
105   In italienischer Sprache sind dazu schon diverse Veröffentlichungen erschienen. In deutscher Sprache wäre zu nennen: Tobler, S.: Gott im Andern. Ökumene als Mystik der Begegnung bei Chiara Lubich, Review of Ecumenical Studies Sibiu 12 (2020), 210–227. (DOI: https://doi.org/10.2478/ress-2020-0015); Ulz, S.: Dreifaltigkeit leben. Trinitarische Anthropologie bei Chiara Lubich, Würzburg 2019.
106   Lubich, C.: Paradiso '49, Manuskript 2004, Abs. 97.
107   Lubich, C.: Alle sollen eins sein. Geistliche Schriften, München 1995, 27. Siehe auch den Abdruck des Textes in diesem Buch zusammen mit der Deutung dieser Meditation durch Matthias Sellmann.
108   Lubich, Paradiso '49 (s. Anm. 28), Abs. 1262 und 1130.

Julia Knop: **Die Kirche als Hindernis des Gottesglaubens?**

109   Rau, J.: Laudatio aus Anlass des Bühnenabschieds von Hanns Dieter Hüsch, Moers (16.12.2000), in: https://www.bundespraesident.de/SharedDocs/Reden/DE/Johannes-Rau/Reden/2000/12/20001216_Rede.html (Zugriff: 27.8.2021).

110   Es geht um sexualisierte Gewalt und Machtmissbrauch durch Kleriker, um juristische Studien zum Umgang der Kirchenleitung mit solchem Missbrauch, um den Umgang mit und die Veröffentlichung solcher Studien, aber auch um Konflikte und Probleme der pastoralen Leitung der Diözese und des Umgangs mit Seelsorger(inn)en und Gremienmitgliedern und Rücktrittsforderungen an den Erzbischof. Im Juni 2021 erfolgte eine apostolische Visitation, deren Ergebnis noch aussteht.

111   Aus dem Programm „40 Jahre unterwegs" (1988); der Text ist u. a. abgedruckt in: Lotz, H. (Hg.): Ich habe nichts mehr nachzutragen: Die christlichen Texte (Hanns Dieter Hüsch: Das literarische Werk), Berlin 2017, 54–56. Zitate im Folgenden, wenn nicht anders gekennzeichnet, aus diesem Text.

112   Der Abschlussbericht der Studie ist im Volltext hier zugänglich: Dreßing, H. / Salize, H. J. / Dölling, D. u. a.: Forschungsprojekt Sexueller Missbrauch an Minderjährigen durch katholische Priester, Diakone und männliche Ordensangehörige im Bereich der Deutschen Bischofskonferenz, Mannheim, Heidelberg, Gießen (24. September 2018), in: https://www.dbk.de/fileadmin/redaktion/diverse_downloads/dossiers_2018/MHG-Studie-gesamt.pdf (Zugriff: 27.8.2021).

113   Zitiert nach: Zoch, A.: Zeit des Zorns, München (22.02.2021), in: https://www.sueddeutsche.de/politik/katholische-kirche-missbrauch-bischoefe-fruehjahrsvollversammlung-woelki-maria-2-0-1.5214336 (Zugriff: 27.8.2021).

114   Vgl. die ebenso bedrückenden wie beeindruckenden Zeugnisse in: Haslbeck, B. / Heyder, R. / Leimgruber, U. / Sandherr-Klemp, D. (Hg.): Erzählen als Widerstand. Berichte über spirituellen und sexuellen Missbrauch an erwachsenen Frauen in der katholischen Kirche, Münster 2020. In diesem Band erzählen Ordensfrauen, Frauen aus geistlichen Gemeinschaften, kirchliche Angestellte, junge Mädchen und Frauen aus katholischen Gemeinden, denen im Raum der Kirche Gewalt angetan wurde, ihr Schicksal.

115   Vgl. Maria 2.0, Münster, in: https://www.mariazweipunktnull.de/ (Zugriff: 27.8.2021).

116   Vgl. Voices of faith, Rom, in: https://voicesoffaith.org/ (Zugriff: 27.8.2021).

117   Vgl. Sekretariat der Deutschen Bischofskonferenz: Katholische Kirche in Deutschland. Zahlen und Fakten 2020/21, Bonn (Juli 2021), in: https://www.dbk.de/fileadmin/redaktion/Zahlen%20und%20Fakten/Kirch-

liche%20Statistik/Allgemein_-_Zahlen_und_Fakten/AH-325_DBK_BRO_ZuF_2020-2021_Ansicht.pdf (Zugriff: 27.8.2021); auf dieser Homepage sind auch Statistiken aus den vergangenen Jahren zu finden.

118   Vgl. Lüdecke, N.: Die Täuschung. Haben Katholiken die Kirche, die sie verdienen?, Darmstadt 2021.

119   Dieser Gedankengang wird im Grundtext des ersten Synodalforums (Teil I, Kapitel 5) ganz ähnlich entfaltet. Der Text wird bei der zweiten Vollversammlung der Synodalversammlung im Herbst 2021 in erster Lesung beraten. Er ist seit Anfang 2021 hier öffentlich zugänglich: Der Synodale Weg, Online-Konferenz des Synodalen Weges am 4./5. Februar 2021, Bonn, in: https://www.synodalerweg.de/fileadmin/Synodalerweg/Dokumente_Reden_Beitraege/Online-Konferenz-210104-2-Synodalforum-I-Grundtext-1.pdf (Zugriff: 27.8.2021).

Förderer des Buches und Kongresses: